こんなに怖い

Japanese Communist Party

日本共産党の野望

梅澤昇平

展転社

はじめに

「戦争を知らない世代」という言葉があるけれど、いまは「共産党を知らない世代」の方が問題だろう。

今年二〇二〇年一月の共産党大会決議の中で、若い世代の「共産党に対するアレルギーがなくなり、白紙状態だ」とのたまうに至った。これは危ないぞ!

国会でも、安倍総理が質問に応えて、共産党は暴力革命路線を捨てていないと答弁(二月十四日)したら、共産党だけでなく国民民主党までも抗議というのだから驚きだ。共産党は分かったうえでのリアクションだが、他の野党はまるで分かっていないのか。

共産党は、暴力革命か平和革命かは、〝敵の出方〟次第だという路線を捨てていない。それを裏付ける「四・二九論文」もそのままだ。だから破防法の調査対象団体として公安調査庁がマークしている。過激派の革マル派や中核派、オーム真理教の後継団体(アレフ)と同じで、ずっと続いていることだ。いまさら驚くことではない。国会審議でも、当時の不破哲三議長(志位委員長の前任者)がこれを質問したが、公安調査庁長官から跳ね返されているではないか(一九八九年二月十八日)。決着済みの話だ。国会議員で知らない方が非常識なのだ。共産党を知らないのは若い世代だけでなく、野党もそうとは、不勉強だ。詳しくは本編をとくとご覧あれ。

その共産党は、いつの間にか野党共闘の仲間に入って、いまや、あわよくば政権を取ろうとしているのだ。共産党の〝野望〟は放っておけない。

なお、私の一連の論稿で、日本共産党は綱領で中国を「社会主義をめざす」仲間だとしていることを批判したが、今年の党大会でこの部分を削除したのは面白い。ところが中国共産党との仲は切れないだろうと予測したが、党大会の質疑で志位委員長は私の予想通り、「切らない」と発言した。

日本共産党は、もうすぐ結党百年だが、ソフトな顔立ちに変えても、まだまだ古いしがらみを抱えているのだ。中国共産党との歴史的な関係、「敵の出方」論と暴力革命の関係、憲法守ると「人民共和国憲法草案」の関係、言論の自由と「民主集中制」の関係、党も認める「非公然党員」の存在など、闇は深い。他の政党とは違うのだ。日本の自由と民主主義を守るためには、この党の専横は許せない。

本書は、『月刊Ｈａｎａｄａ』（飛鳥新社）に連載させてもらったものをまとめたもの。執筆のチャンスを与えてくれたうえ、転載を快く許してくれた花田凱紀編集長、佐藤佑樹氏のご厚意に深く感謝する。また本書の出版は、展転社相澤宏明会長のご厚意によるものだ。同社からは『皇室を戴く社会主義』につづく出版で、出版事情が厳しい中で、感謝に堪えない。

転載した『月刊Ｈａｎａｄａ』は次の通り。（重複部分が気になるが、原文を尊重したためでありご了承いただきたい）

二〇一六年十月号「日本共産党の怖さ、一から教えます」
二〇一七年一月号「野党共闘で得をするのは共産党だけ」
二〇一八年八月号「野党共闘は共産党の隠れ蓑」
二〇一九年五月号「志位、小池晃はなぜ交代しないのか」
二〇一九年六月号「皇室の自壊を待つ日本共産党」
二〇一九年七月号「97歳、日本共産党は〝認知症〟だ」
二〇二〇年三月号「共産党『綱領改定』で蘇る野坂参三の亡霊」

目次

第二章　共産党の怖さ、一から教えます

第三章　野党共闘で甦る日本共産党の野望

第四章　「野党共闘」は共産党の隠れ蓑

第六章　皇室の自壊を待つ日本共産党

第七章　九十七歳、日本共産党は〝認知症〟だ

装幀　古村奈々＋Zapping Studio

第一章　日本でなぜ「人民戦線」は出来なかったか

いま共産党は、「市民と野党との共同」などといってる。全野党とかの選挙共闘とかも増えた。但し、日本維新の会は入らないけど。昔は共産党を除く野党共闘は多かったけれど、いまは共産党も一緒だ。共産党アレルギーがなくなったのか。共産党は「人民戦線」とか「統一戦線」とかの用語を使って来た。この用語は、かなり、くせ者である。

第二次大戦後の世界では、人民戦線の成否がその後の政治体制を決めるうえで重要な鍵となった国が少なくない。フランス、スペインをはじめ、欧州の多くの国がこの問題で混乱し、内戦や血なまぐさい粛清や混乱事件が相次いだ。イタリアでも、これで王政が廃止された。日本も危なかった。

ここでは、なぜ日本で人民戦線が出来なかったのか、その鍵を握っていた社会党（いまは社会民主党という小党になったが、かつては片山内閣などを作った）と、それを終始揺さぶった共産党の動向を振り返り、その原因を確かめよう。「統一」や「連立・連合」という言葉は、今日においても重要な課題だから。

1、「人民戦線」の歴史と理論

「人民戦線」とはフランスやスペインで有名だが、これは何か。この認識が異なると大きな食い違いになる。

現在でも共産党は「民主連合政府」とか「統一戦線」とかという用語を多用する。それは単独で勝つことは勢力的に非現実的だから、仲間を取り込むしかないということだ。兵法では、「一点突破の全面展開」戦術で、「弱者の戦術」である。強い、大きい敵に対して、敵を一点に絞り込んで、幅広く味方を増やして闘うという昔からある戦術だ。中国での「国共合作」「抗日統一戦線」など、その典型。共産党はまずライバルの国民党と手を組んで日本軍を追い出す。その上で、国民党を撃破するというやり方だ。いまも共産党は「反アベ」で野党共闘をという、あれである。安倍内閣を倒したら、その次は、仲間内を次々と片付けるという肚だ。

国際的にこれが大きな問題になったのは、ナチスの政権奪取でコミンテルン（国際共産党）が慌てて戦術転換を図ってからだ。一九三三年、ドイツでナチスが政権を奪ったが、その当時の国会の議席数では社共両党の合計数が上回っていたにも拘わらず、社共がバラバラだったため抵抗できず、両党は崩壊に追い込まれたという事件を契機にしているといわれる。コミンテルンは、それまで「社会ファシズム」論をとって社会民主主義はファシズムと同類だとして、社会民主主義勢力を主要な敵としてその撃退をめざしてきた。この路線を一変させた。一九三五年のコミンテルン第七回大会でのデミトロフ書記長報告で、社共をはじめとする「人民戦線」路線でファシズムと戦えとなった。

デミトロフは反ファシズムのため「短期ないし長期の協定に基づき、プロレタリアートの階級敵に対決する、社会民主主義政党、改良主義的労働組合、およびその他の勤労者組織との共同行動を確保せよ」といい、「統一戦線が本当に実現されるためには、共産主義者は、多くの場合、もはや共産主義運動の『小児病』ではなく不治の病弊であり、今日も存在している、われわれ自身の隊列内の自己満足的なセクト主義（注、排外主義）を克服せねばならない」とまで自制を呼びかけている。それくらい自己中心的な暴走があったということだ。

この指令もあって、フランスやイタリアなどでは有名なレジスタンス運動となり、東欧では戦後、チェコ、ポーランド、ハンガリー、ブルガリア、ルーマニアなどが社共統一戦線内閣をつくり、ソ連軍の戦車部隊の圧力を背景に、次々と既成政党を粉砕し、事実上の共産党の独裁政権が生まれたのは周知の通りだ。有名なフランス人民戦線も十八ヵ月という短さだ。

イタリアの人民戦線は、社会党、共産党に加え保守派も一緒になり、やったことは、王政廃止を国民投票にかけ、五四％と四五％で、王政を廃止したことだ。日本にもこのやり方を持ち込もうとしたのは、中国から帰国した野坂参三だ。日本も危うかった。

共産党の人民戦線の本質について、アメリカの政治学者ゲアハート・ニーマイヤーが『共産連立政権戦術』という本を書いている。彼は、共産党との「連立」「連合」は結局「一方通行の道へ転化してしまう」という。対等と相互信頼の関係は築けないということだ。呑み込まれ、しゃぶり取られる、ということだ。それは歴史で証明済だ。その戦術として「トロイの馬戦術」、「サラミ戦術」を挙げている。前者は「統一」という〝棍棒〟を共産党が握り、相手を叩く。後者は、相手を薄切りにして徐々にそぎ落とす、というのだ。歴史を見ればその通りであろう。彼が注意を促している重要な視点がある。それは「統一」という言葉への警告である。「統一」が大義名分として独り歩きし、それに逆らえなくなることだ。

これは今日にも通ずる指摘だ。労働運動でいえば「統一」の大合唱で「連合」ができたが、政治的対決点を封印したため安全保障・エネルギー政策など政治問題は身動きがとれないままである。

2、日本における人民戦線論の擡頭

日本に人民戦線論はどうやって入ってきたか。日本共産党は一九二二年、コミンテルンの指令のもとで生まれたいわば唯一外国製の政党である。コミンテルンは一九二九年に「社会ファシズム」論を採択し、非共産党の社会主義政党撲滅路線を取った。しかし一九三四年にドイツでナチスが政権を奪取したのを転機に、翌一九三五年大会で前述の「反ファッショ統一戦線」へ転換した。しかしそれも一九三九年の独ソ不可侵条約締結で、コミンテルンはこの方針を放棄した。その後、独ソ戦勃発で、再び戦術を転換するという流れであろう。

日本に統一戦線論が入ったのは若干遅れた。まずソ連、中国で抗日戦線を進めていた野坂参三の「日本の共産主義者への手紙」がこの路線をはっきり打ち出したものといえよう。それは「わが国民をファシズムと戦争の恐怖から救う道は、労働者階級の統一戦線と反ファシスト人民戦術を基礎とする偉大な国民運動だけである」というもので、この方針は、はっきり「コミンテルン七回大会の方針にもとづく」と述べている。

さらに有名なのは、一九四五年四月、中国共産党大会での「民主的日本の建設」という演説である。「日本の軍部ファシスト野獣の滅亡を促進し、かつわれわれの犠牲を最少にするためには、単に外からの連合国側の武力だけによるのでなくて、わが国内人民の反戦、反軍部勢力によって呼応されることが必要である」、その上で天皇制廃止を棚上げし、「わが解放連盟の綱領中には、天皇または皇室打倒の綱領を掲げていない……天皇の崇拝はやめない者も、当然、獲得しなければならぬ」と。

彼は、それまで共産党が口にしていた、「天皇制打倒」「君主制廃止」というスローガンを事実上おろして、「反ファッショの統一戦線」をつくるための大同団結を呼び掛けたのだ。〝愛される共産党〟を訴えた。この反応は大きく、一九四六年一月の野坂参三帰国歓迎国民集会は大盛況だった。社会党でもスポークスマンの水谷長三郎（戦前からの無産運動家、戦後片山内閣で商工大臣）は歓迎のコメントを出し、尾崎行雄（憲政の神様といわれた）、石橋湛山（のちの総理大臣）らの自由主義者からも歓迎された。それと前後して、共産党は社会党に再三再四、共闘を呼び掛けた。最初は食糧危機打開のための共闘から始まり、だんだんエスカレートした。共産党は、社会党を呑み込もうとしていた。

社会党は、党内に共産党を容認するグループもあり、党内が揺らいだ。共産党以外に、非共産党の共産主義者グループの「労農派」が人民戦線論を呼び掛け、これにも社会党は揺さぶられた。これに共鳴する世論も無視できなかった。当時の朝日新聞、読売新聞などは連日のように社説で統一戦線樹立を煽った。そこで、社会党も、森戸辰男（のちに片山内閣文部大臣、広島大学学長）を中心に「救国民主連盟」論を提唱する羽目になった。

これらの動きが収まったのはいろいろな原因がある。一つは、総選挙が近づいて、各党が独自性を競ったため自然に収まった。二つは、総選挙から連立政権づくりとなったため、天皇制廃止の共産党は弾かれ、社会党は中道、保守との連立を選択するしかなかった。

戦後日本におけるこの問題の流れを簡単に時系列で見る。

一九四五・一二・二七　結党直後の社会党は、共産党からの食糧打開共闘申し入れを拒否。
一九四六・一・一〇　労農派の山川均が人民戦線の即時結成を提唱。
　一・二六　野坂参三帰国歓迎国民集会
　三・九　社会党は山川構想に不参加決定。
三・一〇　山川らの民主人民連盟結成決定。
（四・一〇　総選挙で社会党第三党に）
五・二八　社会党、独自の救国民主連盟結成を決定。

七・一四　　社会党、党内激論の末、共産党との交渉打ち切り決定。
七・二一　　民主人民連盟結成大会、救国民主連盟との提携促進決定。
一九四七（二・一　　ゼネスト中止）
（四・二五　　総選挙で社会党第一党に、片山内閣に）
一九四八・二　　共産党提唱の民主民族戦線運動
八・二七　　共産党主導の「民主主義擁護同盟（民擁同）」結成（五〇・八・二一解散）

つまり、流れは二筋あった。一つは共産党からの執拗な共闘呼び掛けである。この出発点は、コミンテルンの新方針を受けた野坂らの動きであり、それに歩調を合わせた徳田球一、志賀義雄ら府中の獄中組である。これが整理されたのは一九四六年二月の第五回党大会といわれる。そこで正式に民主戦線が決まる。

もう一つは、非共産党の共産主義者グループの労農派による動きである。山川均（もと共産党、非共産党の共産主義者）の民主人民戦線の提唱である。これには当時のマスコミをはじめ、多くの学者文化人が共鳴した。帰国した野坂の〝愛される共産党〟路線と共鳴して一大運動になった。社会党はこれに同調する幹部も出て危機に立たされた。しかし西尾末広、松岡駒吉など戦前から共産党と労働戦線で鎬を削ってきた幹部が強硬に反対した。そこに森戸辰男が独自の「救国民主戦線」構想を打ち出し、社会党はこの独自案で主導権回復を狙った。

山川構想も挫折した。「社会党が参加を拒否し、共産党もその第三党的性格を非難したために、二一年七月に結成された『民主人民連盟』は、事実上、少数の『無党派の知識人集団』にすぎないものとなり、のちに社会党の『救国民主連盟』に参加した」（森戸の弟子・野田福雄「森戸・稲村論争と民主社会主義」）。

一方、社会党は救国民主連盟に、党内左派にも配慮してか、「共産党に対しても参加を求めた。しかし共産党はとくにその組織形態に異議を唱え、別に『民主戦線促進会』をもって対抗した。のみならず、かねてから懸念されていた社会党に対する不信行為がくりかえされることによって、七月に入って『共産党との交渉は条件未成熟とみなしてこれを打ち切る』との方針を決定した」という経緯である。

ここでいう、「組織形態」というのは、救国民主連盟が組織上、政党を基本として、組織の混乱を封じていたこと。しかも行動指針として「協同、信義、友愛の原理」を謳い、その上「救国」という冠までかぶせていたことである。これらはすべて、共産党の攪乱を未然に防止するためであることは明白だ。

これは今もやっている。共産党だけでは数が足りないので、ダミー団体を作り、メンバーに入れてくる。いまは「市民」という怪しい団体、この間までは「シールズ」という怪しげな学生団体。よくやる手だ。

また「社会党に対する不信行為」というのは、共産党が社会党に対して一方で共闘を呼び掛けながら、他方で、社会党幹部に対する誹謗中傷を繰り返していたからである。

その象徴は機関紙「赤旗」での攻撃である。復刊第一号（一九四五年十月十日）の「続出する新生党」で「第一に問題になるものは、日本社会党である。彼等は社会主義を標榜するけれども、内容は真実に於ける社会主義、即ち人民が真実に自らのために政治をする民主主義とは全く異なる。……社会天皇党であり、将来は社会ファシストに……組合又は政治ゴロの親分、ダラ幹（注、堕落した幹部、を指す）の元締めが多く、おまけに悪質な戦争犯罪人まで含まれている」と酷評している。片方の手で共闘を呼び掛けながら、他方の足で、相手を蹴飛ばしていたのだ。これでは社会党が怒るのは当たり前だ。

この見解はデミトロフ路線以前の社会ファシスト路線そのものである。

また山川提案が共産党によって「第三党的」性格と見られた、ということは、以下のこと。それは山川が当初は既成の政党政派を超える幅広い戦線を提唱していたのが、いつの間にか、社会、共産が乗らなければ独自の「第三極」を目指そうとしているのではないかと疑われたことである。これには、それだけの材料がある。山川は「民主戦線とその展望」という小論の結びにこう書いている。「わが国における広い意味での民主戦線は、民主勢力が社会党を中心として結集することによって、いわば社会党一本という形態で形成せられるか、それとも形勢の重大な変化によって政党協力の形における定型的な民主戦線が必要となりまた可能となるかはにわかに予断することができぬ」と腹を見せない。

西尾も、この問題の決着をつけるため、山川を自宅に訪問し、真意を確認している。その結果、「口では連盟と言っているが、やがては単一無産政党をつくるための下工作の匂いが強く感じられた」。そこで西尾はそのことを常任中央執行委員会に報告し、この連盟には参加しないことが了承された。

3、「天皇制」と人民戦線

人民戦線問題は「天皇制」問題と深くリンクしているという特徴がある。この二つについてどう対応するか、それが結党時の社会党の最大問題であった。これは社会党だけでなく、共産党についてもいえる。

西尾末広は「社会党結成そうそう最初にぶつかった問題は、共産党との共同戦線問題であった」（『西尾末広の政治覚書』）と述べている。共産党側も、社会党に潜入していたスパイの松本健二は「『天皇制の打倒と、民主統一戦線』は、敗戦直後に当面した、革命的陣営の課題であった」（『戦後日本革命の内幕』）と述べている。

結果としては、「天皇制」は存続し、「人民戦線」は出来なかった。

この「人民戦線」論については、いろいろあるが、突き詰めると三つのレベルがあったといえる。

第一は、欧州流というかコミンテルン流の「反ファシズム」統一戦線である。日本では、これに最も近かったのは山川らの連盟であろうか。反軍国主義、民主主義擁護の戦線統一である。野坂の構想もこの線といえよう。尾崎行雄や石橋湛山らも共鳴したものだ。問題は、共産党がこれを利用し、主導権を握ることとの是非にあった。

第二は、この戦線を社会主義革命に繋げようとする考え方である。これには自由主義者も警戒した。その後の東欧革命は、ソ連軍を背景に、このやりかたで共産党が政権を奪った歴史である。社会党左派はこれを意図し、共産党も、第一段階からこれに連続的に連結させようとしたことは間違いない。

問題は第三レベルである。これは人民戦線は「天皇制」廃止まで当然進めなければならないという立場である。共産党の伝統的な立場である。

第三の代表的見解は、戦後創刊された共産党中央理論誌「前衛」第一号（一九四六年二月）の宮本顕治論文である。「天皇制批判について」という論文で、「統一戦線は、自己目的ではなく、プロレタリアートの戦略的任務実現のための戦術である。われわれは、天皇制下の民主主義といふやう（ママ）な欺瞞的な目標には充分闘つて行かねばならない」といい切っている。これは野坂の見解が出た後のもので、その関係については「過日この問題に関する党中央委員会及び同志野坂との共同声明は、決して特権的身分の存続問題について、党自身の見解が空白であるといふことを意味するものではなく、特権的身分廃棄の民主的の展望を述べたものにすぎない」といい張る。野坂見解の骨抜きを意図したものといえる。

この第三レベルに行くと、共産党以外はついてこず、統一戦線はつくれる筈がない。

しかし獄中何年という猛者にとっては、「天皇制打倒」の一点で歯を食いしばってきたのであろう。

4、共産党の社共合同論と乗っ取り工作

共産党は、統一戦線戦術で、自らの勢力拡大を目指す。まず、社会党の中を揺さぶる。ここを栄養源として自ら太ろうとする。西尾ら戦前から共産党と戦ってきた連中は、だからこそ用心する。このせめぎあいである。

共産党の戦術が明らかな証拠はいくつもある。ここでは二点取り上げたい。

一つは、当時共産党で徳田書記長の右腕として活動した伊藤律の言である。伊藤は、『日本における人民民主主義の展望』という小冊子を出している。その中で、共産党が社会党を乗っ取る「社共合同論」を公然と述べている。

「民族をまもる大統一戦線」を提唱する一方で、「社共合同」を謳っている。「社共合同はまず、大衆のなかに根強く残っている社会民主主義の傾向をなくし、百万のボルシェビキ党を結集させる政治攻勢である」といい、結局「ファシズムに道をひらくこの右翼

社会民主主義との決定的な闘争なくして、ファシズムの危険を防ぐことはできない」という。

この社共合同論で社会党の下部は揺さぶられた。社会党本部書記局に長年いた加藤宣幸（左派幹部の加藤勘十の子息）は次のように証言する。「社会党は結党直後から共産党の強い青森とか長野とかで社共合同運動というようなやりかたで共産党から組織攪乱をしきりに仕掛けられました。『赤旗』などを見ているとあちこちで、共産党と社会党は合同すべきだという決議が社会党の中から出て、いまにも社会党の組織が全部共産党になってしまうのではないかと思われるぐらい書かれ、それに対処するため組織部にいて飛び回っていました」と。また「青年部は五月会の手兵みたいなもの」で「五月会の事務局長は松本というれっきとした共産党員」（「大原社研雑誌」ＮＯ・６５０、６５２）と語っている。

もう一つの証言は、前述した松本健二のそれである。彼は特命を帯びて、共産党から社会党に送られた工作員である。共産党の中央委員、財政部長をした亀山幸三は除名後『戦後日本共産党の二重帳簿』という内幕ものを書いている。その中に松本は出てくる。「秘密党員の潜入と片山内閣の退陣」という小項目で「社会党への潜入工作は、党の最高の政治方針として徳田、野坂、伊藤らの政治局の直接指導のもとに行われた。伊藤律が白羽の矢をたてたのは、松本健二と言って、戦前は全協の活動をやり、警察テロにも屈せず闘った、すぐれた同志であった。彼は、敗戦直後から佐和慶太郎らの人民社で活動し、共産党に入党していた。工作命令をさずけられた松本は、すぐ社会党に入党し、左派の同志的な結合体である五月会の事務局長となった。片山内閣は、結局、五月会の反乱によって予算委員会の採決に敗れ、退陣するのだから、松本の果たした役割の大きさはわかろうというものだ。彼は片山内閣がつぶれて芦田内閣が生まれたさい、左派の加藤勘十が入閣して五月会が分裂すると、今度は社会党を割って出た容共派のつくった労農党の事務局長におさまる。そして、たえず律や徳田とも連絡しながら動くのである」

という、まさにやりたい放題だ。

その本人が書いているから間違いない。松本は『戦後日本革命の内幕』で次のように書いている。

「私は人民社を足場として、共産党は伊藤律の線に、総同盟は高野実（注、のちの総評事務局長）の線に、社会党は鈴木茂三郎の線に、それぞれの基本組織に親しいつながりがもてた。……私は統一戦線の足場になれる丸太棒であった。しばしば社会党（左派）

と共産党を連絡する懇談会を準備し出席もした。それが自分の使命のようなつもりで動いた」。「共産党の伊藤律と密接な連絡をもち、社会党内に容共勢力を強大化しようと考えていた私の立場は微妙であった。左派も列閣して与党的ムードは周囲につよくなっていった。反共、反産別、反日農の強まるムードの中で容共の糸を強めようとして、それでも私は奮闘した」。

「共産党の伊藤律は、労農党の事務局長である私に共・労合同の申し入れの返事を執ように迫ってきた」。

統一戦線の〝丸太棒〟がいたのだ。彼はその後、共産党に復党し、統一戦線部などに在籍したと、この本の奥付にある。また彼の遺稿集には「一皮むくと共産党政治局直属の秘密党員でありました」と抜け抜けと明言している。その上、社会党左派から労農党、さらに社会党に戻り、経済通として鳴らした木村禧八郎もつながっていたという。社会党は脇が甘い。共産党は手段を選ばない。片山内閣も彼らの裏工作にやられたのだ。

あの辛口の荒畑寒村（戦前からの無産主義政治家）も、徳田に「君等のやり方は、まるでホトトギス共産党だといってやりました。……ホトトギスは自分で巣をつくらないで、外の鳥のつくった巣の中に自分の卵を生みつけて、大きくなると親鳥を追っ払って乗っ取る」(「日本革命を語る」)といったという。

社会党議員で、衆議院副議長まで務めた岡田春夫は、社会党でも最左派で、一時は労農党にいたほどだ。彼は回顧録で、社共統一戦線の工作を一貫してやったと書いている(岡田『国会爆弾男オカッパル一代記』)。社会党は共産党に食い荒らされていたのだ。

5、民擁同とは

ここで触れておかねばならないのが「民擁同」すなわち民主主義擁護同盟である。これは一九四九年七月に発足した。「全民主主義勢力の当面の共同綱領——生存と自由・平和・独立の実現」を旗印につくられた統一戦線である。大山郁夫(元労農党委員長)、安部能成(元文部大臣)、大内兵衛(元法政大学学長)、川端康成(ノーベル文学賞受賞者)、末川博(元立命館大学学長)ら当時の著名な文化人を揃え、九十七団体、千百十三万人が加盟。しかし社会党、総同盟が参加せず、「民擁同中央の組織実態は、共産党と産別、全労連傘下の各労働組合を主体とする単なる『団体上部の結集体』(「アカハタ」1948年9月21日)に過ぎなかった」(吉田健二「民主人民連盟と民主主義擁護同盟」)。この結成時の議長は平野義太郎（著名なマルクス経済学者）で、副議長がその後、民社党の委員長になる佐々木良作というのも興味深い。革新系無所属議員の一つの行き場となったのであろうか。結局「民擁同は、朝鮮戦争下の共産党をはじめとする民主勢力に対するきびしい弾圧のなかで1950年8月21日解散を決定した」のである。それに主役だった産別内で「民主化」運動が起こり、次々と参加の労組が脱退し、自壊していったともいえる。

民擁同について詳細に分析した法政大学の吉田健二の結論は以下の通りだ。

民擁同は、共産党が決定した「民主民族戦線」の中心母体で、「統一戦線として種々、問題を内包していたけれども、ポツダム宣言と新憲法を武器に、平和を守り民主的権利を主張した先駆的な事例であり、戦後日本における革新統一戦線運動の原点として評価されよう」と評価する。

いずれにせよ、共産党の統一戦線論はうまくいかなかった。その理由は後述するが、理論的混乱と手段の粗さが目に付く。

その後、共産党の論客として活躍した上田耕一郎（元共産党副委員長）も、『戦後革命論争史』の中で、この時代の拙劣さを総括している。

「共産党が民主戦線の失敗や労働戦線の分裂などをすべて右翼社会民主主義者の分裂

行動の責任にして、この苦い経験から教訓を学び取ることをせず、統一戦線の理論と政策を身に着けなかったこと（ママ）ところにも大きな問題があった。そのために言葉のうえでは統一をとなえながら、実際には、（1）社会党にたいしてはそのなかの戦闘的分子を大々的に引きぬいて分裂の溝を決定的なものにした『社共合同』のカンパニアをおこなったり、（2）労働組合内でも職場放棄戦術にみられたように精鋭分子の行動で労働組合の統一した大衆運動をおきかえる冒険主義者をとったりして、統一の土台をみずから掘り崩していったのである」と手厳しい。特に上田が問題にしたのは、共産党が一方で人民戦線といいながら、他方で、「戦犯」の枠を大幅に広げ、天皇一家をはじめ、社会党幹部や吉川英治、西条八十といった当時の著名な文化人多数を名指しで「戦犯として葬れ」と叫んだことである。共産党は唯我独尊で鼻持ちならないのだ。

6、社会党の三つの流れと対応

日本社会党は、この問題にどう対応したか。結論は、「救国民主連盟」という看板を持ち出して、共産党や労農派の人民戦線論を潰した、あるいは共倒れにした。

社会党の党内の流れ、分布からいえば、三つになる。

第一グループは、いわば〝体験的反共論〟である。共産党とは手を組まない確信派である。西尾末広、松岡駒吉らが中心である。総同盟の労働運動を通じて、彼らは共産党による総同盟乗っ取りを排除するため、トコトン闘ってきたからである。一九二五年の総同盟の第一次分裂を起こしてでも共産分子を除名にしたのが彼らである。その仕返しに「ダラ幹」と執拗に罵倒され、その子供達まで傷ついたという。この双方の憎しみと対立は癒えることがない。結党直後、共産党は、執拗に社会党に共闘を申し入れに行った。西尾は「私はこの文書を受け取るや、ワシ掴みにして、モミクチャにしたうえでいった。『内容の如何にかかわらず共同闘争はお断りする。われわれは君等共産党を信用しない。信用しないものとの共同行動はできない』」と。何とも、すごい迫力だ。

彼らと違う意味で反共は、平野力三（戦前からの農民運動家、片山内閣で農相）。戦時中、皇道会にいたくらいだから共産党との提携など論外だったであろう。

第二のグループは、中間派、日労系で、揺れというか振幅がある。水谷長三郎は、その象徴的存在だったかも知れない。水谷は、京大の河上肇の弟子で、出発は労農党、その後、日本無産党系の鈴木茂三郎とも一時、提携した。マルクス・ボーイでもあり、野坂帰国歓迎の談話を出したり、民主人民戦線に名前を出したりしている。河野密（のち社会党副委員長）は、マルクス主義へのコンプレックスか、反共と呼ばれるのを嫌う。

第三グループは、共産党との提携を望む左派である。松本健二がいた「五月会」のメンバーである。鈴木茂三郎（のち社会党委員長）、加藤勘十（芦田内閣労働大臣）、黒田寿男（のち労農党主席）、松本治一郎（部落解放同盟委員長）らである。「救国民主連盟」でも共産党排除に最後まで抵抗したグループである。この裏に、松本健二らが動いていたのは前述の通り。また鈴木も、社会党には「共産党のフラクション」があり、加藤、黒田らが、その役割を、知ってか識らずか、共産党と連絡を取り合っていたと証言している。「いまだからいうのですけれども、社会党の中央執行委員会の中にフラクションがあった」（「鈴木茂三郎選集」）と。

社会党の内情はひどかった。

社会党のこの問題に対する党内論議と意思決定過程については、当時の常任中央執行委員会議事録をまとめた拙稿「草創期社会党の人民戦線を巡る党内論争記録――〝西尾メモ〟と浅沼メモを読む――」（「大原社会問題雑誌」NO・656）がある。党内でぎりぎりの闘いがあったのだ。この議事録を読むと、理論的にリードしたのは、森戸辰男である。胆力で左派を押し切ったのは西尾と平野、それに松岡。全体をさばいたのは片山哲（社会党委員長、内閣総理大臣）という構図であった。しかもこの論争は、他のテーマでも続くもので、党の分裂、再分裂につながっていく。

その後の一九五一年に結成された社会主義インター（英国労働党、ドイツ社民党など加盟）が、五年後の一九五六年三月の理事会で「民主社会主義者は、共産主義者との間の共同戦線や、政治的協力を拒否する」、「単なる接触についても、民主的労働運動の自由を与えることが前提である」と決議したことは、各国で共産党の遣り口に対する共通認識があったからである。日本だけの問題ではなかったのだ。

7、仁王立ちの西尾と三木

わが国で、いわゆる人民戦線が出来なかった理由は何か。それはいくつかの要因があるが、「西尾と徳田が潰した」（向坂逸郎「戦士の碑」）というのが左翼の定説になっている。社会党西尾の反共主義と共産党徳田のセクト主義（排外主義）を指す。つまり第一は、共産党が自党の勢力拡大の手段としてこれを利用し、不信感を買った。それに共産党の

「天皇制」に対する態度が一貫せず、国民の支持も、他党の支持も得られなかった。総選挙でも共産党の天皇廃止論は惨敗であった。第二に、社会党では結党以来、右派が頑張って「天皇制」擁護を決め、新憲法草案でも、象徴天皇の線で押した。それと西尾らが〝体験的反共〟で相手に隙を見せず、門前払いをしたことだ。あの当時の新聞や世論は、人民戦線論一色である。

朝日新聞は一九四六年一月十三日の一面トップに「人民戦線の急速結成」を取り上げ、二十八日の社説で「即刻、民主戦線の結成に直進せよ」と煽る。読売新聞は激しい。一月三日社説で「民主勢力の共同」、十六日社説で「人民戦線内閣作れ」と、まるで人民戦線の機関紙のようだ。というのも当時の読売は共産勢力による生産管理下にあった。こうしたマスコミの異常な風圧に西尾らは闘っていたのだ。

しかしこの二つの要因が決め手ではない。もっと決定的な要因がある。それは、当時、「天皇制」と「人民戦線」はセットの問題であったこと。そして、なんといっても皇室の力、存在感が圧倒的であったということだ。長い間、国民から敬愛されてきた皇室、権力ではなく権威の象徴として尊崇されてきた皇室の力であろう。多くの国民は敗戦直後の世論調査でも皇室を圧倒的に支持した。読売、朝日、毎日とも九〇％台だ。

占領軍でも「天皇」の地位の問題、戦犯の問題が大きな争点であった。しかし在日の英米の大使は皇室の存在感を見抜いていた。米国のグルー大使は、天皇は日本の「女王蜂」で、その存在を壊したら日本は収拾のつかない国になってしまうと直言した。英国のクレーギー大使も皇室の重要性をチャーチルに直訴したが拒否された。しかし次のアトリー首相は、皇室はわれわれにとって「最大の資産」と述べ、その存続を主張した。マッカーサーは、皇室を倒したら、占領のためにあと百万の軍隊が必要になると本国を説得したといわれる。この皇室の存在感が、敗戦でも、存続となった。

社会党もこの国民世論の支持の中でしか生きられない。絶対君主、成り上がりの王制とは違う。この力が、人民戦線を作らせなかったといえよう。

そのため仁王立ちになって共産党と渡り合った一人が西尾であろう。前述したように、松本健二は、「天皇制打倒と、民主統一戦線」は一体だったと述べているが、その上で、西尾をこう表現している。「西尾は社会党右派の中心人物で、反共を堅持していた。西尾の力が強大である限り、社・共の連合戦線はむずかしいと誰も思っていた」という。それ位、存在感があったのだ。

当時の朝日新聞政治部記者団がまとめた『政党年鑑』も次のような論調だ。

「事実社会党指導陣のうち一番比重の重いのは西尾氏に違ひなからう。一時は怒涛のやうに押し寄せた民主人民戦線、社共提携といふ大衆的な圧力のために四党委員会による幣原内閣打倒の主役を勤めさせられた社会党をして、救国民主連盟組織を共産党との絶縁の線まで引き戻したのは時勢の力も作用したであらうが、主として西尾氏の粘り強い働きであつた」と評価せざるをえなかった。

もう一人、サムライがいた。これは西尾が書いている。幣原内閣後の内閣をつくるため当時の各党幹部が会談したときだ。自由党は、政権打倒は共産党を含む野党で協力したが、政権では共産党を外すといったとき、共産党の徳田書記長は何事か、と怒鳴ったという。そこで自由党の三木武吉（当時、総務会長）は「当面の首班問題の緊急性もさることながら、われわれは、つぎの議会で新憲法の制定を急がねばならぬ。しかるに天皇制について根本的に意見を異にする共産党との連立政権で、この問題を協議することは妥当でない」（西尾、前掲書）とキッパリいい切り、徳田をぎゃふんとさせた。その会談の座長をしていた西尾は溜飲を下げたという。

しかし、この統一戦線問題は、なおぐずぐずと続いた。その一つの結晶は、七〇年代の徒花《あだ》ともいうべき、いわゆる革新自治体である。

これについては一言するに止める。

高度成長期の大企業からの税収をあてに、福祉や教育などでバラマキ競争となり、また公害問題もあって、社共による革新自治体が全国で広がった。京都の蜷川府政、東京の美濃部都政などが有名である。この過程で、共産党は勢力を増大させ、社会党は組織が食われたところが多かった。当時の社会党パンフレットに「党と統一戦線」というのがある。そこでは、当時の成田委員長発言を強調し、共産党との主導権争いが、統一戦線政府から、社会主義政権樹立の段階に至るまで続けられる極めて長期なものであるから、理論武装とともに党の力を飛躍的に強化せよ。「共闘喰われ論」で共産党を拒否するな、と書いてある。その一方で、喰われ論の事例として、「東京都議会で党が公明、共産両党よりも議席数が少なくなったり、また大阪の参議院補欠選挙では、党は自民党にまけただけでなく、共産党にもまけ、しかも自民党と共産党のせり合いに取り残され」など、哀れな状態も記されている。結局、革新自治体は、高度成長の失速、自治体公務員の乱脈で、財政破綻に追い込まれ、相次いで崩壊した。

社会党本部で長らく、統一戦線、国民運動を担当してきたのは伊藤茂である。彼はその後、国会議員、政審会長、社民党幹事長などを務めた。彼がまだ若いときに書いた「戦後日本の統一戦線」という論文がある。社会主義協会の機関誌『社会主義』に載せたものだ。これを読んで驚いた。彼はソ連共産党が主導して作成した一九六〇年のモスクワ声明を絶賛というか、統一戦線論の拠り所にしているのだ。この声明は、一九六〇年まだ国際共産主義華やかなりし頃、世界の八十一か国の共産党、労働者党が出した国際共産主義の指導文書である。彼はいう。「このような態度（日本共産党が極左冒険主義を自己批判――引用者）の変化は、国際的に共産党、労働者党と社会民主主義の共同行動の重要性を強調したモスクワ宣言（一九五七年）やモスクワ声明（一九六〇年）と関連している。このような態度は統一行動にとって好ましい変化であり、安保共闘組織への共産党の参加の条件をつくった」という。そして「この（一九六〇年のモスクワ声明――引用者）規定はコミンテルン第7回大会の統一戦線についての基本方針を第二次大戦後の新たな段階に発達させたテーゼとして位置づけられている」とまでいう。もちろん手放しではないが、六〇年安保闘争にむけて、モスクワ声明にもとづく統一戦線論だ。これでは共産党に主導されるのは必然だ。

共産党はモスクワ声明にもとづき六一年綱領を策定したが、そのカギとなっている、いわゆる「敵の出方論」の根はこのモスクワ声明にある。これを知ってか識らずか、伊藤はこれを重視している。伊藤は、その後、政審会長などで、社会党の中では柔軟なタイプと思われるが、当時は、協会のメンバーで、親ソ派そのものだ。こういう人物が共産党との窓口だったのだ。問題は、共産党との共闘、統一戦線は、洋の東西を問わず、かくも無残なものであることだ。

もう一つは、「統一」「統一戦線」あるいは今流にいえば「大同団結」の危険性と幻想である。政党間の力関係によって、一定の提携、特に院内における提携は不可欠であろう。問題はその先である。労働運動の大同団結であった「連合」の実態、あるいは選挙互助会としての色彩の強い「民進党」そして「国民民主党」「立憲民主党」などをみると、その観が避けられない。

冒頭に引用したニーマイヤーは「統一」の幻想と魔力について、以下の様に述べている。「共産党との連立によって『平和、統一、民主主義』を促進するという希望は、共産主義について無知なためというよりは、むしろ平和と統一と民主主義について軽薄で、誤った考え方をもっているためである。このような見解の基礎には、第一に民主主義はあらゆる種類の政治勢力や政治要素を一体制の中に余さず含める必要がある。第二に真実と道義にかんする深奥の合意なしに統一を達成できる、第三に平和とは大規模の公然たる暴力がないだけの状態である、という漠然とした考え方がひそんでいる。

そこには方法と過程の過大評価、そして目的と信念の過小評価があるが、それは19世紀末から20世紀はじめにかけての遺産である」と。

最後に、左右社会党の統一に最後まで慎重な態度を取った西尾末広の言を引用したい。「安易なる統一論や無条件合同を主張している人々の多くは、むしろ民主社会主義にも徹しない、マルクス主義にも徹しない一種の日和見主義である。……かりそめにも、統一といふ錦の御旗を振りかざして、反対論を圧倒するが如き封建的、又は全体主義的態度をとってはならない」という。「統一」というのは、あくまで一つの手段で、それ自体が目的化することへの警告である。

この「統一」の〝魔術〟はいまも生きている。「反アベ」の統一とは何をいっているのか、意味が不明だ。政権を倒すため、あるいはとりあえずの選挙で生き残るためではないのか。行先不明の乗り合いタクシーで、最後はどこへ行くのか。野党各党さん、しっかりしてよ！

第二章　共産党の怖さ、一から教えます

日本共産党は、参議院選挙（二〇一六年）で思惑どおりの「躍進」とはいかなかった。これは大都市圏への定数増があり、前人気も良かっただけに意外だ。しかし問題は、むしろこれからではなかろうか。

というのも、定数一人区で野党共闘がある程度成功し、民進党（いまは立憲民主党、国民民主党に分裂）の落ち込みを助けた。これで民進党は共産党に吸い付かれた。切れない仲になったのではないか。そうだとすると大変だ。

それにしても、日本共産党を知らない世代が増えている。この隙間に、共産党はソフトな顔で入り込んでいる。そこで、日本共産党とはどんな政党か入門してみよう。

生まれも育ちもモスクワ

党の憲法である綱領も、資金も、ピストル（？）も、ロシアのモスクワ製といわれる。一九一七年のロシア革命でソ連ができ、このソ連を守り、世界中に共産主義を拡散するためにコミンテルン（国際共産党）ができ、各国に種が蒔かれ、中国共産党や日本共産党ができた。日本共産党の正式名称は、「コミンテルン日本支部日本共産党」だ。

モスクワからはテーゼと呼ばれた綱領（指令）が送られ、そのなかに「天皇制廃止」があって当時の共産党員はぶったまげ、これはなかったことにしよう、解党しようとなったこともある。

それに資金も与えられ、少なくとも八十五万ドル（現在の貨幣価値で三十億円以上）もあった、とソ連解体後の機密文書のなかに証拠が残されているといわれる（『Ｈａｎａｄａ』二〇一六年六月号、名越健郎氏論文）。

それにピストルなど武器も大量に手に入れ、試射を繰り返した（田中清玄『清玄血風録』など）。このため、警官と匕首などによる刃傷沙汰以外に、銃撃戦も結構あった。

つまり、日本の政党で〝唯一〟外国製の政党なのだ。

「反戦」はモスクワと北京を守るため

共産党はよく戦前、戦争に反対した〝唯一〟の政党だ、と胸を張る。ところが、これは話が少し違う。ソ連を守り、中国の共産革命を支援し、日本での革命をめざす。そのためには、ロシア革命と同じく、戦争を敗戦に導いて内乱から革命へ、という筋書き。レーニンの革命的祖国敗北主義といわれるものだ。

一九二八年にコミンテルンは第六回大会で、帝国主義戦争でソ連が脅かされそうになったら、各国の同志は自国の敗北のみならず、ソ連の勝利のために戦えと決議をした。

これを受けて、有名な「三二年テーゼ」で日本に指令が来る。「帝国主義戦争反対。帝国主義戦争を内乱に転化せよ」「ソヴェート同盟と中国革命を守れ」「革命的階級は反革命的戦争（注・対ソ戦）の場合は、ただ自国政府の敗北を」だ。

この前の「二七年テーゼ」でも、「シナ革命から手を引け！」「ソヴェート連邦を擁護」という指令があったが、三二年テーゼでオクターブが一挙に上がったのだ。つまるところ、日本共産党の「反戦」はあくまで共産主義、ソ連のための「反戦」だったといえる。

それに付け加えれば、戦後、日本で〝唯一〟「戦争」をしたのが、共産党ともいえる。一九五〇年の朝鮮戦争勃発で、ソ連は北朝鮮軍を支援し、在日米軍を弱らせるため、日本共産党に武装闘争を指令した。

共産党はこの指令にもとづき、各地で武装闘争、いわば「内戦」を仕掛ける。「中核自衛隊」「山村工作隊」などを作り、火炎ビンを投げて暴れ、全国の交番を六十九カ所、襲撃したといわれる。

これは戦前にもあった。コミンテルンからの資金援助が途絶えて、銀行ギャングなど荒っぽいことをしでかした。一九三二年の大森銀行ギャング事件などが有名だ。

けっして謝らない

共産党はほかの政党と違って、けっして謝ったり、党首が責任を取ってやめたりしない。あるのは、あくまで個人責任や「自己批判」を書かされることだ。

一九五〇年代の武装闘争も共産党自体がやったのだが、当時の一部幹部がやったということ、「党史」からは削除してしまった。不都合な真実は、ないこととして削除してしまう。ソ連共産党でも、中国共産党でも、同じやり口だ。

モスクワからの資金援助も党ではなく、一部幹部の仕業にされ、共産党の顔として長い間、君臨してきたはずの野坂参三議長も、百歳になって除名された。あくまで個人の責任にされる。

驚くべきは、あのソ連が一九九一年に崩壊したときのことだ。革命の聖地ロシア。日本共産党綱領（六一年綱領）でも「ソ連を先頭にする社会主義陣営」といってきたのに、崩壊したときは、まるで他人事のような対応をした。当時の不破議長は、ソ連崩壊は当然だ、と冷ややかなコメントだった。

これに対し、ヨーロッパで隆盛を誇ってきたイタリア共産党は、共産党をやめて「左翼民主党」と改名し、共産主義とは縁を切り、英国やドイツの労働党、社民党らの民主的社会主義の社会主義インターナショナルに加盟したほどだ。モスクワの長女といわれたフランス共産党もガタガタになって左翼戦線のなかに溶け込み、両党とも、衰退ぶりは目を覆う。

日本では、かつての社会党の左派系にソ連崩壊の激震が走った。戦前からの無政府主義者的な社会主義者で著名だった荒畑寒村（一九八一年歿）は、「俺は早く死にたい」「ソ連も中国も、社会主義でない」と嘆いた（『寒村茶話』）。

社会党の副委員長まで務めた高沢寅男（社会党最左派の社会主義協会のリーダー）は、「自分の思い込みで間違ったことを述べてきた私の誤りを心からおわび」（『社会主義』九四年五月号）と書いて謝罪し、社会民主党を離党した。

長い間、ソ連型社会主義の導入を主張し、講演をし続けたことの悔恨だろう。二人とも正直者といえる。

語れない暗い過去がある

共産党は九十年以上の歴史をもつ、現存する最古の政党だ。「不屈の」歴史、「一貫した」歴史というが、実は語れない暗い過去、黒く塗りつぶした歴史がある。政党も人間も、長いこと生きていると忘れたい過去の一つや二つを持つのは仕方ないことなのかもしれない。それにしても、共産党は歴史を切り取るのだから、驚きだ。

共産党は戦前はソ連のいいなりで、テーゼ（指令）に従った歴史だ。戦後もソ連、その後は中国共産党に盲従し、六〇年代後半になってようやく「自主的」になった党だ。

戦後、最初の綱領は五一年綱領。これはスターリン綱領とも呼ばれる。その次が六一年綱領。これは、モスクワで開催された世界共産党会議の声明を土台に作られた。六四年にソ連派が追放されて中国派が主導権を握り、しかし六六年に中国派は除名。このあたりから、ようやく自前の党になった。だから、共産党の歴史の半分はソ連、中国に支配されていたのだ。

また先に述べたように、朝鮮戦争時の武力闘争は、「五〇年問題」として、いまの党とは関係ないとして封印、歴史からカットしている。

もう一つ、一九三三年に起こった暗い話。それはその後、委員長、副委員長になった宮本顕治、袴田里見らによる、いわゆるリンチ事件だ。警察のスパイだとして仲間にリンチを繰り返し、死に至らしめた事件である。

このため、宮本は思想犯としての治安維持法違反のほか、監禁致死傷罪、逮捕監禁罪、傷害罪、死体遺棄罪、銃砲火薬取締法施行規則違反などで無期懲役の判決を受けた。しかし戦後、他の共産党幹部とともに復活し、党の最高指導者になったのだ。

この話が、一九七六年の衆議院本会議で再燃した。当時の春日一幸民社党委員長がこの問題を取り上げ、刑法犯であったはずの宮本の復権に疑問を投げかけた。これに対し、当時の稲葉修法務大臣も、治安維持法違反の政治犯釈放とは違い、「奇妙奇天烈。事は重大で、調査する」と答弁したのだ。

これで当時の共産党本部は、「金魚鉢をひっくり返したように大騒ぎになった」(兵本達吉『日本共産党の戦後秘史』)。このときの袴田の供述書によれば、細引き、出刃包丁、斧、ピストルなどが用意され、リンチを加えたそうだ。

一九七一〜七二年にかけて、「連合赤軍リンチ」事件があった。「総括!」と称して、十二名の若者がリンチで殺害された痛ましい事件だ。過激派同士で疑心暗鬼になり、殺し合った。それと似た状況があったのだろうか。こんな暗い話は当然、封印されている。

ホトトギスと「統一戦線」

前述した荒畑寒村は、最初の頃の共産党にいたものだから、その手の内をいろいろ知っている。そのなかで〝ほほう〟と思うものに、共産党は「ホトトギス政党」だというのがある。

「自分で巣を作らず、外の鳥のつくった巣の中に自分の卵を生みつけて、大きくなると親鳥を追っ払って乗っ取る」（『日本の革命を語る』山川均、向坂逸郎、高橋正雄著）。

たしかに調べてみると、ホトトギスはウグイスの巣を利用する。これを「寄生的な繁殖習性」というのだそうだ。たしかに、日本共産党にもそういう習性がありそうだ。

戦後すぐに社会党ができ、共産党も活動を再開する。そこで共産党は、社会党を乗っ取ろう（?）としてちょっかいを出した。それが「統一戦線」だ。狙いは、天皇制を廃止して社会主義統一戦線政権を作るため。これに社会党は振り回された。

再三再四、共産党は社会党に申し入れ書を持ってくる。しかし当時の社会党は、その後の民社党を作った右派が主導権を握っていた。その中心人物は西尾末広（社会党書記長、片山内閣官房長官、民社党委員長）だった。彼は戦前からの労働運動の指導者（総同盟副会長など）で、労働組合への共産党の侵入と闘ってきたので、共産党の申し入れ書をその場で破り捨てるという荒業を見せた。

これに共産党幹部は怒り、何度でも申し入れに来る、と捨て台詞を吐いた。それに対して西尾は、信頼できないものとはやらない、とはね返したといわれる。つまり文書のことでなく、相互に信頼できない連中とは行動はともにできないぞ、ということなのだ。民進党（いまの立憲民主党と国民民主党）は、かつての安保法制問題で、すっかり共産党の一点共闘、一点統一戦線の網に引っ掛かったきらいがある。

統一戦線は長い歴史がある。共産主義者の常套手段といっていいだろう。一九三五年、コミンテルン（国際共産党）の第七回大会でデミトロフ書記長が提案して以来の歴史がある。ファシズムから共産党を守るため、本当は嫌いな社会民主主義勢力を抱き込むための戦術だ。そして一度、統一戦線の網に入れたらあとは逃がさないぞ、という道具だ。「統一戦線は共産党の手中で棍棒の役目をつとめる」（ニーマイヤー『共産連立政権戦術』）といわれる。戦後の東欧の歴史を見ればそのとおり、ポーランド、ハンガリー、ルーマニアなど、将棋倒しで次々と統一戦線内閣ができ、少数派だった共産党が警察と軍を押さえ、事実上の共産党政権にした。

「革新自治体」という昔の甘い夢

日本では、統一戦線は当時の社会党右派が頑張って作らせなかった。これで、天皇制廃止論も吹っ飛んだといえる。

しかし、悪夢もある。それは共産党主導でいわゆる「革新自治体」と呼ばれた自治体ができ、財政は破綻、お役人天国、労組専横、偏向行政などが行われ、その後始末に多くの自治体が苦労したことだ。

昭和四十年代、一九六五年頃からで、代表的なのは蜷川京都府政（七期二十八年）、美濃部東京都政（三期十二年）、黒田大阪府政（二期八年）がある。これは社会党と共産党を軸に、総評や左翼文化人などによる統一戦線といえるものだ。

三都府とも最初は社会党が主導したが、選挙のたびに共産党が都府議会や国会での議席を伸ばし、ついには共産党が上回って都府政の主導権を握ってしまった。社会党や総評の組織は、根こそぎ共産党に食い散らかされた。

この当時、もっとも共産党勢力が強かった京都府では、本庁職員七千人のうち三千人が赤旗の定期購読者にされ、府庁舎内では「噂のゲー・ペー・ウー」といわれたように、批判的な言動は厳しく監視されていたといわれている（山本茂『地方王国の盛衰――共産党［京都府］』）。

そしてバラマキ福祉で、バブル経済が弾けるとどこも財政破綻、そこでようやく革新自治体は崩壊した。

しかしこの当時でも、国政では社共の統一戦線や選挙協力はできなかった。地方政治では外交・防衛問題は主題にはならないが、国政ではそうはいかないのだ。社会党時代に共産党との選挙協力は、調べた限りでは、一九七七年の参議院宮城選挙区で共産党が候補を降して協力したという一件のみだ。

社会党の左派は共産党との共闘を目指したが、党の大勢は社公民路線（社会、公明、民社の協力）を模索していたからだ。

今回（二〇一六年）、参議院選挙という国政選挙で、民進党が共産党と一人区で全面的な選挙協力をしたことは、戦後の歴史にもないことだ。共産党の誘いがうまかったのか、民進党が目先の利益を優先して深く考えなかったか、ということだろうか。

憲法は守ろう

さて、当面するテーマである憲法改正問題に移ろう。

戦後、占領下でいまの憲法が制定されたことはご存じの通り。一九四六年だ。八月二十四日の衆議院本会議で採決が行われたとき、共産党所属議員は全員反対票を入れた。政党として、唯一反対したのが共産党だ。また、共産党を代表して野坂参三が反対討論をしている。

そこで、九条は「一個の空文に過ぎない」「わが国の自衛権を放棄して民族の独立を危うくする危険がある」と堂々の反対討論を行った。なんと、いまの自民党など改憲派のいっていることだ。同時に、「人民共和国憲法草案」を発表している。れっきとした改憲派だ。

ところがその後、いろいろ変化をした。「改悪反対」とか「将来の改憲」とか、そしていまや全くの護憲派に変貌だ。二〇〇四年に作成された現綱領で、なんと「現行憲法の前文を含む全条項をまもる」と百八十度宙返りをしたのだ。

ここで問題だ。共産党は自衛隊は憲法違反の存在という解釈で、その解消をめざしている。憲法は、軍事的措置を否定しているという解釈だから、その先は日米安保体制の否定になる。だから、安保法制などは論議する前から反対なのだ。審議時間が足りず、国民的合意が得られていないなどの理屈は、本当はまるで関係がない。最初からすべて否定なのだから。

「憲法を守れ！」という合唱は、一色の声ではない。いわゆる「平和主義」の枠内で自衛隊と安保条約を認め、それでいいという声と、そうじゃなく自衛隊は憲法違反だから憲法を厳密に解釈して、自衛隊そして安保条約もなくそう、という声が入り混じっている。

同じ「護憲」という列車に乗っても、行先は全然別なのだ。共産党はそのことを分かったうえで、「護憲」、「護憲」といっている。みんな連れて行こうという肚だろう。だから、安保法制廃止のための統一戦線など、ためにする議論だ。行き先が違うものが一緒の列車に乗ってしまったのだ。民進党は民主党以来、自衛隊合憲、安保体制維持の立場である。それが共産党と一緒に行動するなんて、どうかしていないか。

世論調査をみても、自衛隊と日米安保という現在の防衛体制を支持する人が、八四・六％（内閣府二〇一四年度調査）だ。共産党は、この世論の大勢をも否定する考え方だ。近年の中国の膨張主義の高まり、北朝鮮の懲りない核開発、そして米国の内向き志向などを見ると、共産党の主張は、憲法の文理的解釈で憲法を「守り」、日本の安全保障を「壊す」ものといえるだろう。

その共産党も、自衛措置はいらないという「非武装中立」を目指しているとは到底思えない。過去にも、社会党が唱えた「非武装中立」論をトコトン叩いてきたからだ。しかも、「最小限の自衛措置が取られた場合は、核兵器の保有は認めず、徴兵制は取らず、海外派兵は許さない」（八五年版「日本共産党の政策」）と公言していた。

それはそうだろう。共産主義の政権となれば、当然、「赤軍」となる。国の防衛を放棄し、丸裸でいい、という国はない。比較憲法の西修駒沢大学名誉教授によれば、人口百万以上の国で軍隊を持たない国はないという。むしろ、ソ連にしても中国にしても過大な軍隊を持ち、核武装大国になっている。中国の「人民解放軍」は外国向きだけでなく、内戦用にも使われてきた歴史がある。

日本では、哀しいことにというか平和ボケか、社会主義は国防に反対するものという誤解がある。どこの国でもどんな政権でも、国防はゆるがせにできない国家の存亡にかかわる一大事だ。それが日本ではおかしくなり、かつての社会党の二度の分裂も、争点は国防問題だった。

サンフランシスコ講和条約と日米安保条約の賛否で、右派左派に分裂。六〇年安保でも分裂し、民社党ができた。保守と「革新」というか、野党第一党との一番の対立軸が国防では、何とも情けない。

同じ敗戦国でも、ドイツ社民党はマルクス主義と絶縁し、保守党と共同作業で憲法改正や緊急事態法制の整備を図ったやり方が、何とも羨ましい限りだ。

めざすものは——あれ！　中国型？

共産党は、一体日本をどうしようと考えているのだろうか。政党にとっての憲法は党の綱領だ。その旗印に支持者が集まっている。実際、そうでもない人もいるようだが、これが建前だ。

共産党の綱領は、先に述べたように何度も変わっている。二〇〇四年のいまの綱領を見てみよう。いろいろ書いてあるが、特徴的なことをピックアップする。「民主主義革命」とか「社会主義、共産主義の社会」も出てくる。共産党がめざすものだ。

この「社会主義をめざす」で、大事なヒントを見つけた。ソ連は社会主義でない、とバッサリ切り捨てたのは先に述べた通り。それでは、どんな社会をめざすのだろうか。

そうしたら、興味深いものが出てきた。不破元議長の講演集からだ。そこに「社会主義をめざす国々」という一項がある。「旧ソ連は、社会主義への道を途中で外に踏み出した。いま私たちが社会主義をめざす国としてあげているのは、中国、ベトナム、キューバの三つの国です。人口は合わせて14億人以上、経済的発展もめざましく、世界での政治的、経済的比重はますますおおきくなっています」（『科学の目で見る日本と世界』新日本出版社、二〇一一年）と。

中国の人口の大きさにくらくらときたのだろうか。共産党は、世界人口の三分の一が社会主義（中国を入れると）だとか、革新自治体下の日本の人口は三千七百万に達するとか、そういう足し算が昔から好きなようだ。しかし、これではっきりするだろう。日本共産党は、中国と同じような道をめざしていることが。

ところが日本は数年前から、尖閣諸島の所有権問題や毒入り餃子事件などもあいまって、一番嫌いな国が中国というのが定着している。日本共産党が、実は中国共産党と同じ道を歩こうとしているとなれば、世論はどう受け止めるだろうか。

本音は天皇制反対

ところで今年（二〇一六）三月、共産党がなぜ破防法（破壊活動防止法）の「調査対象団体」に指定されてきたのか、という質問状が内閣に提出された。破防法の調査団体は、公安調査庁が調べる。内閣は、これは従来から続いていることで、共産党は本質的に変わっていない、革命論を捨てていない、との答弁書を出して話題となった。

「革命」「共産主義」というと、議会制民主主義制度のもとではそれを否定するかもしれない、と疑われても仕方がないところがある。同じ敗戦国でも、ドイツは憲法で共産党の存在を否定している。

革命論や自衛隊論以外でも、見逃せない重要なポイントがある。それは天皇制である。

実は「天皇制」という用語は、共産党が「君主制」を読み替えて作った造語なので使いたくないが、とりあえず使う。

天皇制をどうするか、これについて共産党自体がはっきり解説している。二〇〇四年綱領の解説版がある。「ここが知りたい特集。日本共産党綱領と天皇制、自衛隊、より明らかになった変革の道すじって?」（二〇〇四年三月七日「しんぶん赤旗」）だ。

その一問一答で、「今度の綱領は天皇制、自衛隊を容認したの?」という問いに、「共産党は、天皇制や自衛隊を『良い』ものだとは考えていない」と答えている。綱領にも、天皇制は「将来、情勢が熟したときに、国民の総意によって解決されるべきものである」と明言している。

最近、共産党はあれほど嫌っていた天皇陛下臨席の国会開会式に初めて出席して注目された。共産党も天皇制を認めてソフトな普通の政党になったか、と。

しかし綱領を見ると、本音は明らかに違う。「良いもの」と思っていないのだ。廃止したいのだろう。でも、そうはっきりいうのは得策でない。そこで「国民の総意」で、などと意味不明のことをいうのだろう。国民投票でもやり、そこで決着しようというのだろうか。

政党として大事な問題を「国民の総意」「国民の合意」で決めるというのなら、政党はやめたほうがいい。政党は重要な政策テーマについて国民にはっきり主張をし、その方向に少しでもリードしていく理念、政策、気概がなければ存在する意味がないだろう。共産党は、その肝心要の臍を隠そうとしているといわれても仕方ないと思う。

「共産党を知らない世代」のみなさんへ

日本共産党は、自由主義社会でほとんど〝唯一〟残っている共産主義政党だろう。日本共産党も、ソ連崩壊後は振るわない政党になり、衆参の国政選挙では七連敗とか八連敗とかいわれた。党員数も赤旗読者も減少の一途だ。国会内でも「はぐれ鳥」だった。それがここ一、二回の選挙で盛り返してきた。なぜだろう。

考えられるのは二つ。一つは、野党第一党や政権まで取った民主党、その後継である民進党への国民の失望、二つめは「共産党を知らない世代」が増えてきたことだろうか。

民進党（そしてそのあとの立憲民主党、国民民主党）は民主党から看板は変えても、その理念、基本政策、党員、地方組織、財源などはいつもその場限りで、頼りなさを感じる。これが、死んだはずの共産党を生き返らせてしまったのだろう。共産党と街頭でスクラムを組んで気勢を上げる、国政選挙では参議院一人区全区での共闘と、関係を一挙にエスカレートさせた。それも、政権問題や政策の一致は棚上げしてやるという前代未聞の「共闘」だ。

六〇年安保闘争でも、社会党、総評は、共産党と共闘をしても同列に置かず、あくまでオブザーバーに留めた。

戦後政治の掟を破り、何でもあり。溺れる者は藁をも摑むというが、そんなことをして国民の信頼を失い、やはり政権交代はできない政党に堕落したか、ということになるのは必定だ。

議会政治が機能するには、健全な野党の存在が不可欠だ。共産党からの誘惑に乗せられることなく、二度や三度の敗北といった風雪に耐えうるしっかりした野党を作らないと日本はおかしくなり、共産党に振り回され続けるだろう。

（追記　二〇二〇年一月の共産党大会で「社会主義をめざす国」から中国が外された）

第三章　野党共闘で甦る日本共産党の野望

民進党の代表選（二〇一六年）があったが、三人の候補者が口を揃えていたのは、共産党とは一線を画するが、選挙で「手は切らない」ということだった。「絶縁」しないというのがカギだ。自衛隊も、安保条約も、消費税も認めない共産党と組んで、民進党は日本がやっていけると本気で思っているのだろうか。

それというのも、先の参議院選挙の一人区で協力してもらうという甘い汁を吸ったからだ。次の総選挙や地方選挙でも、票をもらおうという思惑からだ。衆議院小選挙区には、それぞれ二〜九万の隠れ共産党票があるといわれている（屋山太郎「民共共闘で消滅する民進党」）。

しかし共産党は慈善団体ではないから、当然、他のことで点数を稼ごうとする。参院選などでも朝の駅頭演説に並んでくれ、宣伝カーにも一緒に乗ってくれ、ビラまきにも参加してくれ、「九条の会」に入会してくれ、〇〇の会に入会して名前を載せてくれ、などという話が、民進党系の地方議員や連合の支部に次々と寄せられたと聞く。一度吸い付いたら放さないぞ、というのは当然だろう。

参議院選挙で民進党の岡田克也代表は、民共協力は自民・公明の協力関係と同じでどこが悪いのか、と開き直った。たしかに選挙では、ギブ・アンド・テイクの協力はある。

ところが政党間の選挙協力では、政権構想があったり、政策の合意が前提となる。自公も毎回やっている。かつては社会・公明、あるいは公明・民社間できっちりやった。そうでないと、それぞれの党員から支持者までが納得しない。この間の民共共闘にはそれがなかったから異常だ。

わずかに野党四党（民進、共産、社民、生活）と市民団体なるものの間で合意がされたが、それは政権合意で、政策合意とは程遠いラフなものだ。とりわけ、沖縄の「辺野古新基地建設」の日米合意を「中止」するとは何事だろうか。かつての民主党政権も引きついできた合意ではないのか。

ここで歴史を振り返ってみよう。過去に共産党に吸い付かれた政党はどうなったか。

「革新自治体」という悪夢

一九六〇～七〇年代にかけて、「革新自治体」という地方政権が各地で誕生した。当時の日本社会党（社会民主党の前身）と共産党が主導し、左翼労働組合の総評が支えた地方政権だ。京都府の蜷川虎三知事、東京都の美濃部亮吉知事、大阪府の黒田了一知事、神奈川県の長洲一二知事、横浜市の飛鳥田一雄市長などが有名だ。

「革新自治体」と呼ばれたのは、六七年頃がピークだろうか。このときの統一地方選挙で、これまでの京都府の蜷川以外に、東京都の美濃部、岩手県の千田正、大分県の木下郁が当選。四年後には大阪府の黒田了一、七二年には沖縄県の屋良朝苗、埼玉県の畑和、岡山県の長野士郎、七四年には香川県の前川忠夫、滋賀県の武村正義、七五年には神奈川県の長洲一二、島根県の恒松制治と続いた。

共産党はこれ以外に市町村を含めていろいろ足し算をすると、日本の人口の四二・七％が革新自治体のもとに住むことになったと豪語した（『日本共産党の八十年―1922～2002』、日本共産党中央委員会）。「革新知事の時代」は、六七年から七九年までの十二年間といえそうだ。

ところが、「革新」を名乗っていた知事や市長が、その後、保守との相乗りに変身したり変化した。「革新統一」から「保革相乗り」になり、そのあとに自民党の国会議員に変身したのが、滋賀県の武村知事だ。

もともとは、共産党が武装闘争のときに山村工作隊員だった人だ。自民党の国会議員のあとも、「新党さきがけ」を作って自民党から飛び出し、非自民の細川連立政権で官房長官、村山自社さ政権では大蔵大臣と権力の中枢を駆け抜けたのはご承知の通りだ。

結論からいうと、革新自治体は社会党の議席（国会、地方議会）が共産党に食われ、勢力が逆転するところが続出した。多くの革新自治体で労組の天国、官僚の天国が生まれて行政が歪んだ。その結果、人件費の膨張、人気取りのバラマキ福祉などで財政破綻に陥った自治体が増えた。最後は石油ショックの不況で、財政破綻から革新自治体そのものが崩壊した。さらにいえば、反「革新自治体」選挙で自公民（自民党、公明党、民社党）が結合し、それが今日の自公政権への道を開いたともいえる。

このような革新自治体が許された背景は何だったのか。公害問題の発生や福祉政策の立ち遅れなど、自民党政治への批判がもちろんあった。しかし、何よりもバラ撒くお金があったというべきだろう。

飛鳥田横浜市長（のちの社会党委員長）がいっている。「やっぱり高度成長期だったたという点が大きい。毎年毎年、税収が増えるんだ。法人市民税なんてすごい伸びだった」（『飛鳥田一雄回想録――生々流転』朝日新聞社）。金のなる木があったのだ。バラマキ福祉の「革新自治体」は、高度成長の徒花。高度成長がこけるとともに、こけた。

しかし、自治体によって差異がある。ユニークな首長も少なくなかった。ここでは、有名な京都府の蜷川虎三府政、東京の美濃部亮吉都政を振り返る。

虎さん、後始末はつらいよ！

蜷川府政はなんとも長すぎた。七期二十八年だ。これでは権力の驕りや堕落は避けられない。

当時、京都府の職員は皆、ポケットに憲法とセットで「蜷川語録」を持たされた。まるで中国の文化大革命時に、国民が「毛沢東語録」を高く掲げさせられたのと同じではないだろうか。京都府内には至るところに情報監視網が張られ、府政を批判したらすぐに仕返しがきたといわれている。異様な「独裁政治」だろう。

五期目の選挙から、社会党と共産党の得票率、議席数が逆転、共産党の天下になった。当時、これに反対して戦った闘士の一人に、野中広務府議がいた。のちに自民党の幹事長や内閣官房長官を務め、自民党の実力者になったあの人だ。彼は京都府議時代を振り返り、こう書いている。

「例えば、共産党が掌握している京都建設協同組合というところに、健康保険の補助金を際限なく出す。あるいは、京都市内の各難病団体にそれぞれ補助金を出し、その事務局長に共産党員を張り付けて、人件費を補助する。こうした方法で、共産党があらゆるところに組織を浸透させていった」

「この他、医師会、歯科医師会、教員組合、農協、こうした組織すべて同様の手法で蜷川府政は牛耳っていた」（『私は闘う』文春文庫）

なんともあくどい手口ではないか。

それに、府職員の勤務時間内の共産党活動も酷かった。組合の委員長以外の執行委員は全員、「正規の府職員としての給料をもらいながら、一時間も勤務しないで、自宅から組合本部に行き共産党の活動をしている。建物も京都府の建物、電話も府の電話。こんな馬鹿なことがあるか」（『野中広務回顧録』御厨貴、牧原出編、岩波書店）と野中は徹底追及したそうだ。

日教組もやりたい放題だ。一週間二〜六時間の自習は当たり前、高校で一日六時間の授業のうち半分は自習ということもあり、午後四時以降は職員室はがら空き（石井一朝「京都における教育の退廃」）という有り様。これでは学力低下は当然だろう。

もうひとつ、民商（民主商工会）の話をしよう。この組織は、いまも共産党にとって重要な支持基盤、そして財政基盤（？）のようだ。民商に入って税金をまけてもらう。それだけでなく、蜷川知事が始めた中小零細企業向けの無担保無保証融資が受けやすくなるということで、京都府の商工業者はこぞって民商に加盟した。

その結果、一九五六年にはわずか一千二百人に過ぎなかった会員は、七三年頃には一万七千人にまで膨れ上がった（『地方権力――保守の構造・革新の体質』朝日新聞社編、朝日新聞社）。

こうした反面、京都市内の道路舗装や上下水道など社会資本の整備が大幅に遅れたりした。

蜷川さんは清貧で個性豊かな人だったようだが、二十八年も権力に胡坐《あぐら》をかき、共産党の思うままになって〝共産独裁〟を続けてしまった罪は重い。

スマイルのバラ撒きで破産

東京都の美濃部知事は、一九六七年に社共共闘で知事に当選した。左翼（労農派）の学者グループに所属していた彼は、社会党、共産党、総評に担がれて出馬した。

自民党、民社党は松下正寿立教大学総長を担ぎ、公明党は阿部憲一候補を担いだ三つ巴。結局、知名度抜群で女性向きのスマイルを振りまいた美濃部氏が当選した。

美濃部知事はバラ撒き行政で有名だ。その代表策は、七十歳以上の老人医療費を無料にしたことだ。これで病院は老人で溢れたという。問題は、それで税金が大量に流出し「巨額の財政赤字」を作ったことだ。

財政破綻といわれた原因は、バラ撒き福祉に加えて過剰な都職員、機構の肥大化があった。都の職員は毎年、三〜五千人も増加し、一、二期の八年で五万人増加。管理職も部局長ポストが十倍。給与水準も国より一八％高い。その結果、都民税の七〇％は人件費という異常な事態を招いた（香山健一「『革新自治体』時代の終り」など）。

美濃部知事時代、当初の八年は年率二〇％、毎年一千億円の都税収入の増加が続いていたのだ。「飲めや歌えや、バラ撒けや！」の天国だったのだろう。ところが、高度成長の宴の時期も影が差し、二期目の終わりの七四年度には都は一千億円の人件費が未払いとなり、実質的に赤字再建団体に転落した。民間企業なら「破産」だ。

美濃部知事のあとを継いだ鈴木俊一知事は、赤字解消のために何年も苦労をした。

この美濃部都政の矛盾を突いたのが、なんと同じ革新自治体の長洲一二神奈川県知事というのも皮肉だ。二人とも、経済学者が売りだった。長洲知事は軽井沢の財界トップセミナーで、高度成長から安定成長時代へ切り替えが必要だ、老人医療費の無料化も医療の供給体制なしではパンクする、といった講演（東洋経済「変革期の自治体と企業」）をした。これを読んで、美濃部知事は怒りで膝が震えたといわれている。

美濃部の盟友と思われた飛鳥田横浜市長も、東京都の老人パスについて「いくら老人無料パスをさしあげても、バスに乗ったら若者が席を占領して、老人が吊り革にしがみついている。これでは福祉のマンガだ」（『「革新自治体」とは何だったのか――崩壊する70年代の神話』新しい地方自治を考える会編、永田書房）と揶揄《やゆ》した。

政治評論家の森田実氏も美濃部都政を批判し、「革新都政の道義的頽廃」「都庁天国」「経済的、経営的破産」「カラ出張」「労組の介入」（『社会党の素顔』時事通信社）を厳しく批判した。大きなツケを残したのが美濃部都政だ。

社会党と共産党の力関係はどうなったか。知事当選二年後の総選挙で、議席数は社会党二名に対して共産党は六名と逆転した。酷かったのは都議会議員選挙。与党の社会党は議席を大幅に減らし、第四党に転落。この間、共産党はちゃっかり第三党にのし上がった。

「革新自治体」まがいの自治体

「革新自治体」の定義を、自公政権に反対する野党中心の自治体と広く定義すると、現在もいくつかある。

この間の東京都知事選挙も、一つ間違えばそうなった。民進党、共産党ら野党四党が推薦した鳥越俊太郎候補が勝てばそうなっただろう。鳥越候補は立候補の動機として、自公政権に異議を唱えるためだったといっていた。都政が関心事でなかったのだ。反自衛隊、反安保、反原発などの鳥越候補が勝てばどうなっていただろうか。大混乱だろう。さすがに労働組合の連合は「自主投票」を決め込んだ。連合左派の自治労、日教組などは鳥越候補を支援したといわれる。

「革新自治体」が誕生するチャンスが高いのは、保守系候補が複数立つ保守分裂選挙だ。飛鳥田横浜市長が初当選したとき、美濃部都知事が初当選のとき、東京都でも狛江市長などたくさんある。

現在（二〇一七年）、反保守系で当選しているのは、沖縄県知事、鹿児島県知事、滋賀県知事、新潟県知事などがいる。東京都では保坂展人世田谷区長は反保守、反政府だし、全国には共産党員の市長、町長が数名いる。

なんといっても、政府がてこずっているのは沖縄県だ。鹿児島県、滋賀県、新潟県などでは反原発、脱原発の共産党系の支援を受けて当選しているため、原発の再稼働などにブレーキをかける役をしている。鹿児島県知事も、原発再稼働を止める権限がないにもかかわらず、再三にわたって電力会社を呼びつけるのはパフォーマンスとしてもやりすぎだ。再稼働の審査は、国の原子力規制委員会の権限だ。

こうした自治体が増えると国政がマヒすることは、沖縄を見れば明らかだ。日米の政府間で合意した普天間基地移転が二十年も実行できずにいることは、日本政府は当てにならない政府として米国に不信感を強めさせている。考えてみると、これらの首長が暴れているのは、実は地方行政本来のことではなく、地方にはほとんど権限のない国政の問題なのが特徴だ。

次の統一地方選挙（二〇一九年）は二年以上先だが、その前に半数くらいの地方の知事、市長選挙がある。「革新自治体」や、それまがいの自治体をつくると大変なことになる。ここで、民進党が共産党と安易に組むと危険だ。

民進党は、政権を争う国政選挙では政策合意なしに共闘はしないというが、地方政権はこれとは別とタカを括ると、前述した「革新自治体」の悪夢を再び甦らせることになる。というのも、民進党系の地方議員から、次の市長選挙に勝つためには共産党の協力を得たい、という声を聞くからだ。

「人民戦線」「国共合作」（世界昔ばなし）

日本共産党は、「民共共闘」にいま熱心だ。戦後最大のチャンスと思っているだろう。共産党は参議院選挙の総括で自画自賛している。「今回の野党と市民の共闘は、日本共産党の歴史でも、日本戦後政治史でも、文字通り初めての歴史的な第一歩」（志位委員長の共産党創立九十四周年記念講演会での講演）と。

というのも、共産党にとっては他党を巻き込む「人民戦線」をつくることは長年の悲願なのだ。しかし参議院選挙（二〇一六年）では、共産党の当選議席数は三年前の八議席から二議席減だった。

共産党は党の綱領でも、人民戦線をつくることを大目標にしている。他党との共闘を至上命題にしている政党は他にはない。

なぜそうなのか。一つは、単独では到底多数派になれないからだ。もう一つは、世界の共産主義運動の歴史からだ。

一九一七年のロシア革命から、世界の共産主義運動はロシアを中心にコミンテルン（国際共産党）という総司令部を作って各国に入り込む。日本共産党も一九二二年に国際共産党の支部としてできたが、コミンテルンはファシズムと対抗するため、それまで敵視していた非共産党の社会主義者と「統一戦線」を作るように指令を出す。一九三五年、第二次世界大戦の前夜だ。

それでヨーロッパでは有名な人民戦線が各地でできる。フランス、スペインなどの人民戦線が有名だ。共産党がなかに入り込んでいつの間にか主導権をとり、非共産党の社会主義者、民主主義者を追い出すやり方だ。その手口について、米国の政治学者、ニーマイヤー（『共産連立政権戦術』の著者）は二つの手口を紹介している。

一つは「トロイの木馬」戦術。これはトロイ戦争の有名な故事で、相手の陣地に引き出物の大きな木馬を送り、夜、その木馬に潜んでいた兵隊が飛び出して奇襲をかけるというもの。つまり、最初はやさしい顔をして相手の警戒心を解き、隙を見て乗っ取るということ。

もう一つは「サラミ戦術」。サラミソーセージを薄く切り刻むように要求は少なめ、少なめに出し、相手が気づいたときは手遅れにさせるやり方。つまり統一戦線では、最初は低姿勢で（ちょうどいまの日本共産党のように）入り込み、一旦入ったら乗っ取るという戦術なのだ。

戦後、東ヨーロッパの多くの国で、共産党が入った統一戦線政府が樹立された。政権に入ると、まず警察と軍を握り、事実上は共産党独裁の「統一政権」をベルリンの壁崩壊、ソ連崩壊まで続けたのはご承知の通りだ。

そういえばロシア革命も、最初はボルシェビキ（多数派）とメンシェビキ（少数派）との連合だったのが、共産主義者のボルシェビキつまり共産党がメンシェビキを倒して独裁政権を作った。

これはアジアでもあった。中国では、蔣介石の国民党軍と毛沢東の共産党軍がそれぞれ日本軍とも戦っていた。その三竦みの構図が一挙に変わったのは、蔣介石が一九三六年に西安で逮捕され、無理やり「国共合作」にサインさせられてからだ。国民党と共産党が、抗日の統一戦線を組んだのだ。

日本が敗北するや、国共は同盟から敵対に一変して内戦となった。共産党軍が勝利し、国民党軍が台湾に脱出した。国民党はまんまとワナにかかり、人民戦線の犠牲になったのだ。

戦後を揺るがした人民戦線騒動（日本昔ばなし）

戦後日本では革命騒動があった。本当だ。いまでは昔ばなしだろうが、敗戦当時には真剣に議論されて恐れられたのだ。吉田茂総理は、労働組合のストの高まりに怯え（？）たのか、このままでは政権がもたないと考え、労働組合を抑えるためには当時の社会党を抱き込む、少なくともそのキーマンたる西尾末広を政権内に抱き込もうとして、いろいろ工作をしたことは関係者の証言からして明らかだ。

敗戦、不景気、食糧難、首切りなどの嵐が吹き荒れ、敗戦の翌年である一九四六年秋には「十月革命」説が流れ、四七年の「二・一ゼネスト」いかんでは革命政権誕生かという異常な事態だったようだ。共産党筋からは革命政権の閣僚ポスト案が流れたり、当時の産別会議という共産党主導の最大の労組では「用意はよいか、前進だ、民主主義革命の年一九四七年」という檄を飛ばした。

日本共産党はコミンテルンの指令に基づき、人民戦線樹立を高らかに謳い、中国からいわば凱旋帰国をした野坂参三の帰国歓迎大演説会では共産党のみならず、社会党そして石橋湛山や尾崎行雄など保守系、自由主義者までが人民戦線樹立の大合唱と異様な盛り上がりとなった。共産党は早速、社会党に人民戦線づくりの共闘を呼びかけた。

しかし当時の社会党は西尾のほか、片山哲（社会党委員長、総理を歴任）、松岡駒吉（総同盟会長、衆議院議長を歴任）など戦前からの反共の社会主義者が主導権を握っていたので、この呼びかけを再三拒否した。あまりに執拗な申し入れに反発し、逆提案をした。それは「救国民主連盟」というもので、これには共産党も入れずに相打ちとなった。

人民戦線を煽った新聞

この当時の新聞報道は異常で、社会党に共産党との人民戦線に入れと迫るものだ。連日のようにだ。当時の朝日新聞、読売新聞しか見ていないが、戦時中、両紙とも戦争を煽ったいわば罪滅ぼしか、異様だった。

朝日新聞は敗戦翌年の一九四六年の一月十三日、一面トップで「人民戦線の急速結成」

という記事を書き、二十八日の社説で「即刻、民主戦線の結成に直進せよ」と煽った。読売はもっと激しい。一月三日の社説で「民主勢力の共同戦線」、十六日の社説で「人民戦線内閣作れ」だ。まるで人民戦線の機関紙のようだ。

最近の新聞報道にも似たようなものを見た。朝日新聞の「天声人語」（二〇一五年十月十九日）だ。共産党が野党の選挙共闘を呼び掛けたことに、いけいけドンドンの太鼓を叩いている。共産党の提案は「党としての『欲』は極力抑えた」提案で、「暫定的な特命政権」だと持ち上げた。

自衛隊や安保条約、天皇制、憲法など基本問題を棚に上げた政権とは一体何だろう。野合集団でもなんでも、いまの政権を倒せばあとのことはどうでもいいというのであろうか。

しかし、西尾ら当時の社会党幹部は動かなかった。これは彼らの共産党への不信感があまりにも強かったからだ。

なぜそうだったか。これは感情だけではない。共産党は一方で握手を求めながら、もう一方の手で社会党潰しをやっていたからだ。その証拠は、

・共産党は機関紙アカハタなどで、社会党を口汚く再三誹謗した。社会党は「社会天

皇党」で「政治ゴロ、ダラ幹、悪質な戦争犯罪人」がいる、と。

・共産党から社会党にスパイが入り込み、党内を揺さぶった。特に最左派の「五月会」の事務局長になり、片山内閣を倒すところまで行った。彼は、共産党幹部、伊藤律の手下で松本健二といい、最後はまた共産党本部に戻るスパイだ。本人が自伝で書いている。

・共産党は「社共合同」を仕掛け、青森県、長野県など各地で社会党内は揺さぶられた。仁義なき戦いだったのだ。これでは社会党が拒否するのは当然だろう。

あれから四十年、共産党の見果てぬ夢

共産党には見果てぬ夢があるようだ。それは統一戦線が実る日だろうか。前述したように、国際共産主義運動の大目標だった。一九三五年のコミンテルン（国際共産党）の第七回大会で決まったことだ。

日本共産党では、戦後の綱領で明記されている。まず「民族民主統一戦線」の結成が目標だった。それから一九七〇年には「民主連合政府」の提唱。しかし社会党からは相

手にされず、幻想となった。そこで二〇一四年の大会から「一点共闘」「安保廃棄の国民的多数派を」と、大幅にトーンダウンというか大バーゲンになった。

それがもう一段下げて「安保法制廃止するための国民連合政府」をめざすとなり、二〇一六年に入ってからは参議院選挙で勝つための共闘、とさらにダウンをした。大盤振る舞いの閉店セールと間違われる。「さあ！　何でもいいから持ってけ！」とアメ横に行った感じがする。

あの「理屈の共産党」がここまで膝を折るとは考えられなかった。そこに、票欲しさに飢えていた民進党がパクッと食いついてしまったのだろう。

いま手元に、共産党のパンフレットがある。『共産党が政権を握ったら』（日本共産党宣伝教育部編）で一九四九年発行だから、約七十年前のもの。もうボロボロ。一問一答方式だ。最後のほうに、「民主民族戦線政府の実現はむずかしいか？」という問いがある。答えは大変興味深い。

「いや、もうすでにその土台は、ちゃくちゃくとできあがりつつあるのだ、それは例の民主主義擁護同盟、これが要するにわれわれのいう民主民族戦線だ。……これを考えてみると、民主民族戦線政府のできるのは、そんなに遠いことではないと思う。……もうひといきだといい得る」

綾小路きみまろさんだと「あれから四十年」だが、それよりずっと長い。「もうひといき」といって七十年。夢まぼろしだ。

共産党の長年の夢が、何といま甦るのか？　共産党は必死だろう。千載一遇のチャンス。もう離さないわよ〜、という気分だろうか。志位委員長は、総選挙でも協力するのは野党四党間の「公党間の合意事項」であり、早く「協議を開始することを呼びかける」と言った（「しんぶん赤旗」二〇一六年九月二十一日）。その結果、九月二十三日には、次期総選挙で野党四党は「できる限り協力」で合意した。

政党や政治家に夢やロマンがあることは素晴らしいこと。権力亡者よりずっといい。しかし、思い込みの強い相手だけに捕まると大変だ。民進党や連合のみなさんは、どこまで付き合う覚悟があるのだろうか。相手は、ゆくゆくは自衛隊、日米安保、天皇制をなくそうとする集団。

共産党の手をうっかり借りると、国政ばかりか、地方政治でも大やけどするよ、という話だ。

第四章 「野党共闘」は共産党の隠れ蓑

ソフト路線の嘘

与野党激突で注目された新潟県知事選（二〇一八年）は、共産党など五野党と連合が推薦した「野党共闘」組が敗れた。

これが来年の統一地方選挙や参議院選挙にどう影響するか注目だ。共産党はウェブ・マガジン「共闘へのかまえ」をつくり、「『本気の共闘』を追求し続けます」と、懲りずに党員にハッパをかけている。

この共闘の旗がないと、現在の〝ソフト〟共産党は、暑くなると溶けてしまうかもしれない。

共産党員のなかにも変化があるようだ。「共産党員の多くは共産党は昔から護憲政党だと思っている」（筆坂秀世『野党という病い』）とか、「党の歴史について『生まれる前のことだから知らない』ではすまない」（不破哲三『党綱領の力点』）という有り様だ。

近年の共産党の姿は、かつての暴力革命路線の共産党とはたしかに違う。一昨年（二〇一六年）の国会開会式では、いままで天皇陛下のお言葉を聞くのが嫌で欠席していたのが、初めて志位委員長以下が出席して注目された。

これまで秘密会議であった党大会に、小沢一郎ら他党の代表を招いたのも驚きだ。天皇陛下の生前譲位問題でも、天皇制を目の敵にしてきた共産党が他の野党と同じように皇室を認める発言をした。また、「憲法を守れ！」などといっている。

こうみると、他の野党との差がなくなり、いわば体制内の野党になりつつあると見られる。怖い共産党ではない。

本当に革命をやめ、議会主義で政権を目指す政党に脱皮したのだろうか。もしそうなら、イタリアの共産党のように、党名を変え、綱領を変え、「民主集中制」という厳しい党内の掟をやめればいい。世界をリードしてきた超大国アメリカが、世界をリードすることをやめ、いわば〝普通の国〟に変身しつつあるように、日本共産党は、もう先進民主主義国では共産党は皆無に等しいのだから、〝普通の野党〟に変身したらどうだろうか。

共産党を知らない世代

共産党の事実上の最高幹部、不破前議長が、党創立集会の記念講演（二〇一七年七月十九日）で、いまの綱領は変えないと断言した。

それに共産党のホームページを見たら、共産党のキホンのキホンという欄で「理想は共産主義社会」とあり、マルクスも出てくる。

私は国政上、何か大きな不正があったとき、少々どぎつくとも政府に食い下がる共産党的政党が存在したほうがいいと思っている。動物の世界でも、天敵のいない動物は緊張感がなく退化するからだ。現に、労働運動の現状を見てもそうだ。共産主義の労働運動を排除し、自由にして民主的な労働運動をすることで「連合」が結成された。労働運動では圧倒的な多数派だ。

ところが、だんだん仲良しクラブ化し、これまでの労働者教育、つまり政治教育、思想教育が激減している。そのツケは、二〇一六年の参議院比例区選挙の結果を見れば明らかだろう。連合の産別出身候補は、三分の一は落選だ。〝戦争を知らない世代〟というのが、かつていわれた。いまは〝共産党を知らない世代〟が増えている。共産党は変わったのか？　普通の野党になったのか？

最初に断っておくが、「変化」「変身」それ自体は悪いことではない。安保法制問題が揉めた際、反対派の小林節慶應大学名誉教授は国会の参考人質疑で、これまでの見解との矛盾を突かれたとき、「私は日々成長しているのです」旨の発言をし、議場をあっといわせた。

これは極端にしても、変化自体は悪いと一概にいえない。昔から「君子は豹変する」というではないか。政党とか政治家は国家の利益を担うものだから、棒を飲んだような頑迷固陋であってはならない。時代を先取りし、世界の変化に柔軟に対応することが求められる。企業経営でもそうだろう。

問題はそこからだ。日本共産党の「変身」は、議会制民主主義に基づく改革的社会主義への道を進もうとしているのか、それとも「本心」はそのままに、状況に合わせて「変身」しているのだろうか。前者だと、世界に仲間がいる。イギリス労働党、ドイツ社会民主党、フランス社会党などで、民主社会主義を思想とする「社会主義インター」の道だ。イタリア共産党はこの道を歩んだが、ほぼ消滅しているようだ。

後者の道は、悪くいえばカメレオンだ。状況に合わせていろいろ変化し、孤立しないようにする方法だ。さて、日本共産党はどの道を歩いているのだろうか。共産党員も過去の道をよく知らないという時代、よく検証してみよう。

旧オウム真理教と同じ

第一の問いは、「暴力革命」路線は捨てて、本当に議会制民主主義の政党になったのか。最近、共産党は「党の正規の方針として『暴力革命の方針』をとったことは一度もありません」（「『議会の多数を得ての革命』の路線は明瞭」『赤旗』二〇一六年三月二十四日）と公言している。これは本当だろうか？　これはいかにもおかしい。物証を挙げよう。

・これまで社会党の議会主義をトコトン叩いてきた。「（社会党の）路線は、もっぱら議会を通じての平和革命方式、平和移行必然論と議会主義の立場にたち、革命の根本問題である国家権力の問題を回避した日和見主義、改良主義」（「現代修正主義者の社会民主主義政党論」『アカハタ』一九六四年八月二日）だ、と。

・「六一年綱領」（注・一九六一年制定の綱領で、今日までの綱領の土台）で「敵の出方論」が決まった。当時の宮本書記長が大会で内容を報告、提案し承認された。その上、この報告書は宮本顕治著『日本革命の展望』としてまとめられ、党員必読の独習指定文献になり、ながく読まれてきた。それが「党の方針として……一度もありません」などといえるのだろうか。

「敵の出方論」とは何だろうか？　それは「マルクス・レーニン主義党としては、革命への移行が平和的な手段でおこなわれるように努力するが、それが平和的となるか非平和的となるかは結局敵の出方によるということは、国際共産主義運動の創造的成果としてマルクス・レーニン主義の革命の重要原則の一つとなっている」というもの。

簡単にいえば、相手次第で〝棍棒〟は放しませんよ、ということ。だから、公安調査庁が破防法（破壊活動防止法）に基づく調査対象団体に共産党を挙げている。「革マル」や「中核」などの過激派、旧オウム真理教などと一緒だ。

「日本革命の展望」では、「平和革命必然論は今日の反動勢力の武力装置を過小評価して、反動勢力の出方がこの問題でしめる重要性について原則的な評価を怠っている一種の修正主義的な誤りにおちいるものである」と、用心せよというのだ。

この点について最近の共産党は、それは相手が政権を取り暴力的に出てきたときに抵抗するためだというが、それはインチキ。それはいまの政治の仕組みでも世界中どの政権もやること。暴力で政権を倒そうとするものに、政府が警察や軍隊を使うことは当たり前。問題は政権を取る前、政権を取る手段として武力を使うことだ。それを止めるといえば議会主義、共産党が批判してきた議会主義である。さ、どっち！　どっち！　はっきりしてよ。
共産党は、この問題については国会で政府を追及し、もはや「決着済み」というが、
それこそ真っ赤なウソ。
とくとご覧あれ！　それは一九八九年二月十八日の衆議院予算委員会での質疑だ。
不破議長が石山陽公安調査庁長官に、なぜ共産党は破防法の調査対象団体か、と迫った。これに対して、

石山政府委員「（五〇年代の共産党の武力蜂起について、政府は）単純な分派活動による一部の跳ね上がりだけがやったという認定をしておらない」

不破「政権に就いたとき、……従わない勢力が様々な暴挙に出た場合、取り締まるのは当たり前」

石山「政権獲得後に、反乱的活動に出れば鎮圧するのは当然。しかし敵の出方論は、党の文献を拝見すると三つの出方がある。一つは、民主主義の政権ができる前に不穏分子を叩きつけるという問題がある。……第二には、政権が一応確立されたのちに、……第三は、委員ご指摘の事態」

不破「チリみたいに、……広範な民主勢力と民主的世論を結集してファッショ的攻

撃を封殺することが課題となる。これが敵の出方論の具体化と大会で明記している」日本は、議会制民主主義やマスコミの自由がある高度の民主主義国ではないのか。

幻のネタ論文が

ここで、また注が必要になる。「三つの出方」とは、下司順吉の発言。共産党の幹部会員などを務めた党幹部の下司が一九六六年の第十回大会での質疑で、暴力革命の三つのケースについて述べている。これは当然、党機関の意向を踏まえてのものだろう。第一は米日反動勢力による弾圧を跳ね返す、第二は革命政権に対する反乱に対抗、第三に反革命勢力の決起を未然に制圧、そして結語は「平和的とはただおとなしくではない。また議会を通じてだけ、いわゆる『議会の道』ではない」と。いざというときは棍棒を持ってやるぞ！　という強い意志だ。

・「六一年綱領」を裏付ける幻のネタ論文がある。「四・二九論文」といわれる論文で、不破前議長も上田耕一郎元副委員長も、これを読めと〝絶賛〟している（不破『党綱領の理論上の突破点について』、上田『現代日本と社会主義への道』）。二人はご承知のように兄弟。

論文名は「極左日和見主義者の中傷と挑発」(『前衛』一九六七年六月号)。これを読めという。いわば、共産党流〝議会主義〟のご本尊か。このご本尊は、『前衛』で百五十頁にわたる長大論文だ。そのさわりを紹介する。

「資本主義諸国における暴力革命は、…一般的には、ロシアの10月革命に典型的にしめされたように、…普通、都市を中心に、労働者階級のゼネストと結びついておこなわれる武装蜂起という形態をとる」

「わが党は、綱領を巡る討議の過程でも、春日庄次郎、内藤知周一派の平和革命必然論に対して徹底的な批判を加えてきたのである」

「支配階級の出方に応じた革命の移行形態の二つの可能性を正しく考慮に入れ、党と労働者階級を革命精神で武装し、あらゆる『敵の出方』にたいして必要な警戒をはらいながら、人民の闘争と団結の力によって平和的移行の可能性を拡大」

なお共産党では、名無しの「無署名論文」は格が高い。しかしこの論文は、実は不破論文といわれている。文字どおり、自画自賛。それにしても、四・二九とは昭和天皇誕生日、現在の「昭和の日」ではないか。なんとめでたい、記念すべき日だろう。

最近驚いたのは、先に述べた講演で不破前議長は、わざわざこの「四・二九論文」を引用した。この「ご本尊」はぴんぴん生きている。くわばらくわばら。

・五一年綱領では、はっきり暴力革命路線。

共産党はいま、「五一年綱領」（注・一九五一年制定のいわゆる武装蜂起論）を「五一年文書」として棚に上げているが、この綱領が存在し、それに基づいて暴力革命闘争が行われたことは否定できない。過去をなかったことにすることは無理。前歴は前歴だ。

「日本の解放と民主的変革を平和的な手段によって達しうると考えるのは間違いである。…反動勢力に対し、国民の真剣な革命的闘争を組織しなければならない」

大きなジレンマ

こう見てくると、「党の正規の方針として暴力革命をいったことは一度もない」というのはウソだ。もしいま公式に暴力革命を叫べば、破防法適用で「非合法」になる。五〇年代に逆戻りで、共産党は「地下に潜る」ことになる。それは嫌だろう。

しかし、いまも共産党は単なる「議会主義」ではない。なぜ暴力革命という前世紀の尾骨をつけているのだろうか。結論からいえば、これを否定すると〝ただの政党〟になるからだ。革命政党、前衛政党でなくなる。

それというのも、六一年綱領、宮本体制の根っこが崩れるからではないか。六一年綱領を決めた大会は、二つの大会にわたって激しい党内論争が行われ、ようやく辿り着いた路線だからだ。春日、内藤らは敵の出方論を否定し、議会主義を重視するいわゆる構造改革路線を主張した。これとの論争は激論で、七回大会では結論が出なかった。六一年の八回大会で彼らをようやく追い出し、党内をまとめた。それがいま、〝構造改革なき構造改革路線〟といわれるように、徐々に変質してきたのだ。

六一綱領は、現在の二〇〇四年綱領に直結している。「二〇〇四年に綱領の全面改訂が不破氏主導でおこなわれたが、その基本は一九六一年に宮本氏主導でつくられた旧綱領と変わりはない。不破氏自身、『綱領の基本路線は四十二年間の政治的実践によって（正しさは）試されずみ』（二〇〇三年六月、第二十二回大会第七中総での綱領改定案についての提案報告）と語っている」（筆坂秀世『日本共産党』）といわれる。

いま、春日路線が正しかったとは口が裂けてもいえないだろう。共産党のジレンマだ。どこかに暴力革命の理論を滲ませておかねばならない。自分たちが批判攻撃してきた社会党や春日一派とは違うのだと。

ソ連の資金援助はデマ？

共産党は、右も切り刻んできた歴史だ。二段階革命論で、一段階論（注・二段階論は民主主義革命と社会主義革命の二段階論。これに対して、社会主義革命だけが一段階論）の労農派を切り、ロシア派を切ったと思ったら次は中国派を切る、という具合に切り刻んできた歴史である。徳田球一をはじめ志賀義雄、伊藤律、志田重男、春日庄次郎ら、そして野坂参三、さらにリンチ事件の同志、袴田里見と続く。野坂は百歳で除名された。元共産党幹部の鍋山貞親は、「共産党とは可能的裏切者の集団」と呼んでいた。生き残っているのは、宮本大明神をご本尊とするご一統様で、不破、上田、志位と続く。

ここで脱線。昨年（二〇一七年）夏、東京の多磨霊園に行ってきた。先輩の墓参だ。いや、有名人だらけの墓地。そこで徳田球一の大きな墓を見つけた。しかし、ぺんぺん草が生えているまことに寂しい墓。大きな石に碑銘が刻み込まれているが、ひとっ子一人近づかない荒れ方。墓石の裏を見ると、野坂参三が建てたと書いてある。昔はきっとすごい墓だったのだろう。いまは、兵どもが夢の跡。

共産党は、ソ連共産党から膨大な資金援助を受けていたのは公然の秘密。それを世界中の共産党に配っていたことは、ソ連解体後の文書で明らかだ。しかし、日本共産党はそれを認めない。

『しんぶん赤旗』の「Q＆A」（二〇一三年七月作成）に、こんな問答がある。

「Q『ソ連からお金をもらってた』というツイートもあるけれど……

Aまったくデマ宣伝です。（中略）『もらってた』といわれているのは、日本共産党のなかにいて、旧ソ連のスパイ役をつとめていた人物たちです」と。

また、「日本共産党50問50答」（一九九三年五月）によれば、「野坂がソ連の諜報機関であるKGBから多額の金を個人的に受け取っていたことが報じられましたが、これは党員として絶対ゆるされない」と書いている。

しかし、これで世の中に通用するだろうか。誰かがもらったが、それは「共産党ではなく個人、スパイで党と関係ない」だって。いまの時代は、個人の横領背任で済むかね。法人も当然罰せられる。もらっていたけど過去の時代のことで、現執行部はそんなことはやっていない、とでもいえばいいのに。物証は挙がっているのだから。

こうみると、悪いのは徳田や野坂だ。彼らがネコババしたのだ、と。死人に口なし。徳田、野坂はいまや〝ネコジィジ〟か。これでは浮かばれない。

ソフト路線に苛立つ活動家

それにしても、共産党も台所は結構大変ではないかという報道が少なくない。党員数、機関紙部数のいずれもが減少している。それに、小選挙区などで供託金没収になる候補があまりにも多い。その一方で、政党助成金は拒否している。共産党の意地を感じるが、もし〝普通の政党〟になろうとするなら、権利である政党助成金はもらったらいいではないか。

それとも、政党助成金をもらうと政党の内部に監察の手が入るのが怖いのか、と疑ってしまう。〝普通の政党〟ではなく、あくまで〝革命〟をめざす〝前衛政党〟という名の秘密組織なのだろうか。

さて、共産党内には不満が溜まっても、はけ口が難しいようだ。「民主集中制」で上意下達。自由な討論とか党員同士の横の連絡は許されないようである。この原点は秘密組織のルール、下が切られても上には届かない仕組み。トカゲのしっぽ切り。話は違うが、振り込め詐欺グループもこのやり方で、下が捕まっても上には及ばない。共産党内では自由な討論が許されなかったなかで、その徒花として生まれたのが「さざ波通信」というホームページだ。一九九九年から五年続いたが、最近久しぶりに開いてみたら「現在は更新しておりません」とあった。共産党中央の手によるものかどうかは知らない。

このページを見ると、党内の不満がいろいろわかる。特に、宮本路線から不破路線になり、綱領も変わった。これに対する不満がいろいろ書かれていた。革命精神を忘れたのか！　というもの。「天皇制・自衛隊を事実上容認した新綱領が発表」「今回の不破綱領の制定によって、61年綱領の日本共産党の革命的・革新的伝統は本質的な点で否定……改良主義的スターリニスト政党へ」という具合だ。〝一般市民〟向けのソフト路線に、〝活動家〟はいらついているようである。

国益よりも中国！

日本の世論調査では、「嫌韓」と並んで「嫌中」が多い。中国の傲慢なやり口に、ほとほと辟易している人が少なくない。隣近所の付き合いは難しいものだ。でも、親中派と呼ばれる人も少なくない。商売のため、その姿勢をしている会社も多い。自民党にも、最高幹部に有名な親中派がいる。

しかし、お友達と呼べる「友党関係」を中国共産党と結んでいるのは、たしか日本共産党だけだ。党レベルの付き合いができるのだ。いま日本共産党も、中国への批判は厳しい。

しかし、中国、ベトナム、キューバは親しい。それは「社会主義を目指す」仲間だから。昔は中ソを「社会主義国」として敬意を払ってきたが、いまは「社会主義国」とは呼ばないが、三国は同じ方向を目指す政党として位置付けている。

中国との関係は複雑だ。中国に避難していたり、保養していた幹部も少なくない。徳田は中国で亡くなり、伊藤は北京幽閉二十七年、野坂は中国で捕虜の日本兵に洗脳教育をした。宮本も、たしかしばらく静養していた。しかし毛沢東から武装蜂起を迫られ、宮本は中国と決裂した。

遡ると、日本共産党もいろいろ中国共産党を庇った。一九六四年十月に中国はソ連から切れ、独自の核実験に成功した。アジア、日本にとって脅威、国会で、これに厳重抗議する決議案が上程された。

しかし共産党のみ、これに反対した。そのため、国会決議は全会一致が原則だったのが、これが崩れ、多数決で中国非難決議が通った。

このときの日本共産党の声明がある。『アカハタ』一面トップ。そこでなんと、「中国人民が自国の防衛だけでなく、アジアにおける核戦争を防止するために余儀なくされた防衛的措置である」（『アカハタ』六四年十月十六日）といい切っている。日本の安全はどこに行ったやら！　だ。

日本共産党は、日本の国益よりも中国共産党との付き合いを優先したのだ。いま共産党は、核のない平和な世界を口にしているが、「中ソは平和勢力、米国は戦争勢力」という共産主義者のドグマに洗脳されていたのだ。

尖閣問題に対しても共産党は少しおかしい。共産党も、さすがに日本の領有権ははっきり認めている。しかし領土問題ではないという日本の主張を批判して、中国と話し合えというのだ。

また、日本政府の尖閣周辺への公務員常駐や軍事力強化は反対。これでは中国が喜ぶ。

ソ連の暴行略奪を擁護

まだまだある。ここで代表的な中ソ〝盲従〟のコメントを並べよう。

一九五六年のハンガリー事件。ソ連からの自立を唱えたナジ首相は、ソ連軍の力で圧殺された。筆者は中学生だったが、この事件を聞いて共産主義は絶対許せない、と心に誓った事件だから忘れられない。六八年にチェコ事件が起きたが、このときの『赤旗』にはっきり書いている。

「日本共産党は断固として、この（注・ハンガリーに対する）ソ連軍の国際的援助に対して連帯の意思を表明しました」（「1956年のハンガリー事件とは」『赤旗』一九六八年八月二十七日）

六八年のチェコ事件についても、ハンガリー事件のようには支持しなかったものの、宮本書記長は「チェコスロバキア問題について、他党は干渉すべきでないというのが、我々の基本的態度である」（『赤旗』六八年七月二十日、宮本書記長定例記者会見）と語り、ソ連非難の言葉がなかった。チェコ事件とは自由化を求める事件だったが、これもソ連の手によって押し潰された。

七九年末に起こったソ連によるアフガニスタン侵攻についてはどうだったか。さすがに、これについてはソ連を支持できなかった。党の声明では、「ソ連軍の出動に同意することはできない」「ソ連軍の出動を、ソ連アフガン友好協力条約の正当な行使とみなしうる根拠はえられなかった」。

まるで裁判所が、物証不足で有罪にはできず、灰色ながら釈放した、というあのやり口に似ていないだろうか。歯切れが悪い。

穏やかだった米国のカーター大統領にこれで火がつき、断固たる措置に出て世界中が反ソとなり、モスクワ五輪に多くの国がボイコットしたあの事件だ。日本共産党の態度はいかにも甘い。

共産党から飛び出た兵本達吉は、「わが国の長い歴史のなかで、外国の指導者（スターリン）の指揮棒に振り回され、彼らの政策遂行の道具として、自国政府の転覆をはかった政党は日本共産党以外にない」（『日本共産党の戦後秘史』）という。

そういえば、興味深い〝古文書〟がある。「共産党問答——みなさんの疑問にこたえる」（日本共産党出版局事業部）で頒価二十円。一九五三年二月発行だ。

当時は、まだシベリア抑留で未帰還者もいた。そこでこんな問いがある。

「ソ連は満州へ侵略してきたとき、暴行略奪を働いたではないか」

答えは、

「注意してもらいたいのは、略奪されたのは日本人だけ、中国人や朝鮮人には被害がなかった……一種の解放軍らしい秩序のおもかげはあった」

「日本人が満州でどんな特権をふりまわし、中国人や朝鮮人にたいしてどんな生活ぶりをしていたか」

「これも一時的な混乱期の産物で」

「ソ同盟兵のなかに略奪行為をしたものがあっても、それはソ同盟そのものがやったのではない」

こんなふうに当時、ソ連を擁護していたのだ。

この姿勢は、スターリンで終わったわけではない。もっと続く。ソ連から中国に乗り換え、さらに続いた。「自主独立」といえるのは、毛沢東の武装蜂起論と衝突してからだろうか。一九六六年以降だ。百年近い日本共産党の歴史では、半分近くはいわゆる外国〝盲従〟時代なのだ。

元幹部、野党共闘を批判

いま最大の関心事は、来年（二〇一九年）の「野党共闘」、とりわけ参議院地方区の三十二の一人区対決だ。共産党はアクセルを踏んでいるが、唯一ブレーキをかけているのが労働組合の連合。しかし、地方連合はどこまで中央のいうことを聞くか。新潟県知事選挙のように、国民民主党も連合も渦に巻き込まれる可能性が大だ。

〝理想は共産主義社会〟なんて思ってる青年やおばさんはいるか？　ロシアや中国でも、いまや口にしていない。

ところで、共産党の統一戦線、野党協力はあくまでご都合主義だ。不破と並ぶ共産党の論客だった上田の論文に、「戦後の社会党史と統一戦線論」（『前衛』一九七七年十一月号）というのがある。ここで社会党の統一戦線論、つまり全野党共闘を痛烈に批判している。「重要なことは、政策論よりも組織論に比重を置き、しかも本質的に『幅広』論として特徴づけられる全野党結集論が、その当然の帰結として、政治目標の検討ぬき」だ、というもの。つまり、社会党の公明党や民社党をも含める全野党論は「政策ぬき」で無原則だからやめ、社共両党間の統一戦線に切り替えろ、ということだ。これは共産党の長年の主張だった。

しかし、いまは真逆ではないか！　共産党は政権構想も棚上げし、なんでもいいからアベ憎しで手を結ぼー！　というもの。上田が生きていたら、なんというか。お暇なら来てよね！　と声をかけまくるのは、お水の道。ほかの野党さん、しっかりしてよ。次の世代を考えるのが政治家、次の選挙を考えるのが政治屋といわれるではないか。

「妥協、権謀、術策、曲折、退却」（レーニン『共産主義における左翼小児病』）などあらゆる手段を取れといったのは、かのレーニンさん。いまも中国共産党のやり口を見ればわかる。「三つ子の魂、百まで」。遺伝子は繋がっているようだ。

第五章

志位和夫、小池晃はなぜ交代しないのか

二十年間同じ党首

いよいよ御代替わり。三十一年ぶりだ。政治の世界はもっと交代が早い。総理の平均寿命は、安倍さんがなる前までは平均二年あまり。むかし竹下登総理は、「歌手一年、総理二年の使い捨て」と自虐的に語っていた。ところが、日本共産党の党首は選挙で負けても二十年間同じ。これはどうしてか。

安倍晋三総理は、三選で超長期政権といわれるが、これまでは外国では日本の総理なんて誰も知らなかった。これじゃ外交はできない。

米国の大統領は四年任期ではっきりしているけど、ロシア、中国、北朝鮮はひどい。ロシアは、法の網を潜ってプーチンが大統領、首相、大統領と長期政権。二〇〇〇年からだから二十年だ。その間、反対派を毒殺する狂暴国家北朝鮮は、兄を毒殺する指導者で王朝気取りの独裁政権。中国は、五年で二期の十年単位で政権交代をしていたのが、去年（二〇一八年）、憲法を改正して任期制を廃止し、習近平の永久政権を作ってしまったのには驚いた。

絶対的権力は絶対的に腐敗する、といわれる。安倍総理は今年で七年だから、米国でいえば大統領二期に相当する。

米国、ロシア、中国など、国際法などお構いなしで、まるで恐竜時代のような狂暴な世界に立ち向かうのには弱い総理では無理だ。

ただし日本でも共産党の党首は二十年間と、公明党の十年の倍だ。〝長寿〟の秘訣は何か。

民主制に比べ、独裁国家は政権の平和裏な移譲はなかなかできない。うっかり政権を譲ったら、途端に逆賊として裁かれかねない。スターリンも、フルシチョフもそうだった。昨年（二〇一八年）、上映されて話題となった『スターリンの葬送狂騒曲』は、独裁者スターリンが急に病で倒れたときのパニックを面白おかしく描いていた。ロシアでは上映禁止となったのもわかる。

真贋識別のリトマス試験紙

韓国もそうしたきらいがある。大統領が辞めると、突然、旧悪を暴かれ、白衣を着せられて、糾弾されるなんて、危ない危ない。スムーズな政権交代、政権移譲は、自由で民主主義が発達していないとできない。逆にいうと、権力の移譲をみれば、その国の民主主義度がわかるというものだ。

その点は、日本の各政党の党首交代を見ると、その党の性格、体質がよくわかる。どんなに「自由と民主主義を守ります」といっても、その党内に自由と民主主義がないと、これは偽物とわかる。真贋識別のリトマス試験紙だ。

ここで思い出すことがある。一九九三年八月九日、六党八会派による非自民・非共産の細川政権ができた。このとき、自民党は、寄り合い世帯の連立政権をえげつなく揺さぶり、各党の足並みの乱れを国会で追及した。北朝鮮対策、安保条約、コメの自由化などの政策だ。その一つとして、各党の党首人事の決め方について訊いてきた。

細川護熙総理は日本新党党首、羽田孜外相は新生党党首、石田幸四郎総務庁長官は公明党委員長、大内啓伍厚生大臣は民社党委員長、山花貞夫国務大臣は社会党委員長、江田五月科学技術庁長官は社民連代表という具合に、各党の最高幹部が閣僚として雁首を揃えていた。

そこに参議院予算委員会で、自民党の下稲葉耕吉議員が質問通告をしてきたのが、「各党党首の選出方法について」であった。当時、大内大臣の政務秘書官をしていた筆者は、早速、答弁案を書き、党の規約を添付して準備した。この資料はまだ手元にある。

当日の国会議事録を今回、改めて確認してみた。細川総理、羽田外相は、それぞれ政党の創業者的存在で、党員の大会で党首に選出されたわけではないので参考にならない。つぎに質問されたのが石田大臣だ。党大会で選ばれたと答弁したが、対立候補はいたのか、本当に投票はあったのか、しつこく質問されている。

つまり、この質問の狙いは、公明党の〝中央集権的、非民主的〟党体質を暴くことだったのだ。だから質問はさらに発展し、創価学会についての質問になる。それで質問時間いっぱいを使い、民社党や社会党まで質問の順番が回ってこなかったのだ。

当時は、自民党は公明党・創価学会と選挙でガチンコの闘いをしていた。あれからすっかり政界の舞台は回り、もう自民党と公明党は離れがたい関係になっている。今昔の感だ。

当時、共産党は野党だから、自民党の攻撃を受けることはなかったが、そうでなければ自民党の追及にどう答弁したか。想像したくなる。

ところで、この質問を浴びせた下稲葉議員とは何者か。調べてみると警察官僚で、警視総監を経てその後、法務大臣をやっている。当時の質問は鋭かったが、いまの〝自公癒着〟政権になら、どう質したか。

八連敗でも不死身

共産党の志位委員長の在任期間も相当長くなった。各政党党首のなかでは最長だ。二〇〇六年に不破哲三議長が退任してから、トップの座ももう十四年。委員長在任は二十年。ロシアのプーチン大統領と同じ長さだ。

政党のリーダーの交代は、いくつかの形態がある。

・病気と死亡。これが意外と多い。鳩山一郎総理、石橋湛山総理、池田勇人総理、大平正芳総理、小渕恵三総理、第一次安倍内閣などのケース。野党では浅沼稲次郎社会党委員長、西村栄一民社党委員長など。

・選挙での敗北での引責辞任。三木武夫総理、宇野宗佑総理、橋本龍太郎総理、森喜朗総理、麻生太郎総理。野党では社会党の歴代委員長、成田知巳、石橋政嗣、飛鳥田一雄、土井たか子、山花貞夫ら、民主党の野田佳彦総理、岡田克也民主党代表。それに、海江田万里民主党代表は落選した。永末英一民社党委員長ら。

・引退は、佐藤栄作総理、中曽根康弘総理、小泉純一郎総理ら。野党では西尾末広民社党委員長ら。

・党内や連立内での抗争で敗北したケース。片山哲総理、福田赳夫総理、羽田孜総理、菅直人総理、大内啓伍民社党委員長ら。

・スキャンダル絡みは、芦田均総理、田中角栄総理、竹下登総理、宇野宗佑総理、細川護煕総理ら。野党でいえば、矢野絢也公明党委員長、塚本三郎民社党委員長らがリクルート事件に絡んで引責辞任。政治献金問題で小沢一郎民主党代表が、偽メール事件で前原誠司民主党代表が辞任。

・政策行き詰りは、鈴木善幸総理、鳩山由紀夫総理か。

共産党の「院政」

それぞれ理由があるのは当然だ。

共産党の宮本顕治委員長、次の不破哲三委員長は、この分類で行けばどこに入るだろうか。「引退」だろうか。天皇はこれから「上皇」になるが、共産党は委員長を辞めても影響力を行使しているようだから「院政」ともいえる。

どうも共産党の委員長の座は、選挙の結果には左右されないらしい。志位氏が委員長になったのが二〇〇〇年。委員長といっても、上には不破議長が乗っかっている。当時、衆議院議席は二十。その前の一九九六年の選挙では二十六もあった。それが志位委員長になって一ケタ台に転落した。九か八かという数だ。これでは、ほかの政党なら党首交代間違いなし。二〇一四年の選挙で二十一名と大台に復活したものの、前回二〇一七年は十二名と苦しい。

「二〇一三年の参院選や二〇一四年の衆院選では議席増になったが、それ以前の国政選挙では連戦連敗を繰り返し、一九九〇年代半ばから党勢は長い退潮傾向にあった」（筆坂秀世『野党という病い』）

これは深刻だ。たいていの政党なら、この党首じゃ選挙に勝てないから代えてくれ、となるのは一〇〇％間違いなしだ。森喜朗元総理なんて、総理になったものの発言やイメージが悪く、このまま選挙をやれば負けるので、選挙前に引き摺り降ろされた。無念だったろう。戦わずしてだから。

今回、各政党の党首選挙のルールについて、改めて確かめてみた。自民党は、血で血を洗う、札束が飛び交う選挙もあったが、ルールは明白。総裁公選規程・党則で、国会議員二十名以上の推薦で立候補する。前回は、野田聖子がこの基準を満たせずに涙をのみ、安倍・石破の闘いだった。国民民主党も規約に基づく代表選挙規則がある。玉木代表が昨年（二〇一八年）勝った。立憲民主党も規約がある。日本維新の会もある。問題は、規程があることではなく、それに基づいて実際に選挙があるかどうかだ。

ちなみに過去は自民党だけでなく、社会党、民社党も党首選で党内が二分されることが何回もあった。社会党では、浅沼と河上丈太郎、江田三郎と成田知巳、江田と佐々木更三など激しかった。民社党も、西村栄一と曽祢益、春日一幸と曽祢益など大変だった。

非議員が党首に

いまどきの選挙は、政党の党首のイメージが政党の支持率に直結している。看板を替えてくれ、〝顔〟を変えてくれとなる。選挙目当てのポスターは、誰と一緒に写ったら得か、議員と候補者は考えると聞いたことがある。そのイメージ時代に、失礼ながら、志位委員長のポスターがいいといえるのか。支持者は別にして。

連戦連敗の志位委員長が、選挙敗北の責任を取って辞めずに済んだのだ。どうしてだろうか。よほど、人材がいないのか。それとも特別の訳があるのか。

その前に重要なことがある。議会を基盤とする政党は、党首は国会議員が選ばれるのは当然だ。かつての社会党（いまの社会民主党の前身）で一時、国会に議席のない飛鳥田横浜市長を委員長に選んで問題になったことがあった。短い期間ではあったが、議会政党としては不謹慎だと批判されたのだ。

共産党の場合、それがある。宮本委員長時代、当初、委員長には議席がないため、野坂参三議長をして党代表のような形をとったことがある。しかし、その後もあったのだ。

二〇〇〇年に志位委員長になったが、党のトップはどう見ても不破議長だった。不破議長は二〇〇三年に国会議員を引退する。党の議長を退任するのは二〇〇六年だから、まる三年間、共産党のトップは非議員だったのだ。これはおかしい。共産党は議員政党なのか、それとも非議会主義の革命政党か、ということになる。硬派の宮本路線から、ソフトな不破路線に変わってきた共産党の本性が問われる事態だったのだ。

これは世間ではそう騒がれなかった。というのも、「委員長」という肩書は志位委員長だったからだ。むしろ、党内部で問題視されたようだ。

その様子を、筆坂秀世元幹部が書いている。

「議会を通じて政治を変革しようという政党のトップに、高齢ということもあって国会議員を引退した人物が座り続けるということは、他の政党ではありえない異常なことだからである」（筆坂『日本共産党』）

異常でも、共産党では事実あったのだ。

「国会は革命の道具」

これは何を意味するのか。党首が国会議員でなくてもいい、非議員でいいとはどういうことか。憲法で、総理大臣は国会議員から選ばれると書かれている。憲法六十七条には「内閣総理大臣は、国会議員の中から国会の議決で、これを指名する」とある。国会議員でなければ政権は取れないルール。

それとも穿ってみれば、議会で多数派を得て政権を目指すのでなく、議会外の力による「革命方式」をどこかで考えているのか。

議員でない党首も例外的にはある。かつて右翼の愛国党を率いた赤尾敏は有名だった。

有楽町で街頭演説を続け、名物だった。しかし彼はたびたびどころか、始終、国政選挙に出馬していた。宣伝活動としてであろうが、議席を目指す活動だ。これに対して、極左の集団は違う。革マル、中核、赤軍派など、選挙には原則として出ない。選挙を否定し、ボイコットをしていた。議会政治否定だからだ。

共産党は、どうも「加齢臭」がついている気がする。かつての共産党綱領では「国会は革命の道具」といってきたのだ。

戦後、共産党は、「愛される共産党」という占領下革命路線から、一九五〇年前後には朝鮮戦争、東西冷戦で「武力革命」路線へと暴走し、壊滅する。その後、宮本顕治らが主導権を握り、一九六一年には六一年綱領を決め、党内抗争をおさめた。綱領はそれ以来、継続し、宮本体制から不破体制になってようやく現綱領になる。二〇〇四年だ。

六一年綱領では議会は否定され、「道具」扱いだった。

「国会で安定した過半数をしめることができるならば、国会を反動支配の道具から人民に奉仕する道具にかえ、革命の条件をさらに有利にすることができる」

これが有名な「国会道具論」というもの。

だから共産党の国会議員は、革命のための「国会出先部隊」であり、革命軍の主力部隊ではない、という位置づけだ。国会議員よりもっと偉い幹部が、党本部にゴロゴロいたようだ。獄中何年という戦前派が幅を利かせていたのだ。

秘密主義の暴力革命集団

この伝統というか、遺伝子が続いているというべきだろう。革命組織だと、軍隊組織のように上意下達、命令は絶対となるのは当然だ。革命組織に、話し合いとか、協議とかはあり得ない。綱領だけでなく、規約にもはっきり明記されていた。

「日本共産党は、日本の労働者階級の前衛部隊であり、労働者階級のいろいろな組織のなかで最高の階級的組織である」

「日本共産党の組織原則は、民主主義的中央集権制である」

「決定にたいしては、少数は多数にしたがい、下級は上級にしたがい、積極的にこれを実行しなくてはならない」

鉄の規律、秘密主義の暴力革命集団なのだ。これは様々な批判を浴び、現綱領と規約になった。しかし、遺伝子は続いている。

党員同士の自由な交流や協議は許されないし、人事もどこでどう決まったのか、上から指名されるだけのようだ。その息苦しさ、その異常さは、多くの元党員が語っている。まず、前掲の筆坂本から拾ってみよう。

「自民党や民主党のように、党員が党代表を直接選挙で選ぶという制度は採用されていない。党大会の進行は、入れ子構造でやや特殊である」

ここで「入れ子」というのは、「箱などを、大きなものから小さなものへ順次、重ねて組み入れたもの」(広辞苑)。ロシアのマトリョーシカという人形が典型だろう。ちなみに、これは日本のこけしを真似たといわれる。

一番外の人形がプーチンで、それをはがすと中に少し小さいエリツィン人形、さらに取ると中からゴルバチョフ、その下にはレーニンだ。どういうわけか、スターリンやフルシチョフはいない。中国製も持っている。一番外は毛沢東だ。次は鄧小平。その下に、さらに下に見慣れない顔の人形が入っている。これを作った省の幹部か？　たしか、中国のハルビンで買った気がする。地域差があるのかな。

ともあれ、上級幹部が決まるとだんだん下の幹部が決まっていくという仕組み。

上記筆坂本には、

「一種の信任投票に過ぎず、到底、選挙と呼べるような代物ではない」

「日本共産党と自民党や民主党との大きな違いは、党首の選出を選挙でおこなうのか、そうでないかということにある」

「組織内には原則として上下の関係しかなく、基本的には党員同士の横のつながりは禁止されている。そのため、暗号のような支部名と党歴が書かれていても、候補者がどういう人物なのか、どんな顔をしているのかさえほとんどの代議員は分からない」とある。

怪しい共産党の議会主義

また別の関係者は、「選挙ではリストに○付けする信任投票がされます。党中央へ批判的なものが入っている可能性は、ほぼゼロです」という（篠原常一郎「そもそも共産党って…20の素朴な疑問に知りすぎた男が全て答える」『正論』二十八年十一月号）と異口同音だ。

ここまでいわれている。日本共産党の議会主義がそもそも怪しい。六一年綱領から、議会制民主主義を否定している。革命を平和的にやるか暴力的にやるかは「敵の出方」

次第だ、というスタンスで党内が落ち着いたのだ。

一方で、武装闘争派は責任を負って追い出され、他方で議会主義派の神山茂夫なども党から追い出された。この基本方針はいまも生きているはず。「敵の出方論」という六一年綱領路線、宮本路線を捨てたという意思表示がないからだ。それをさらに進めたのが不破哲三らで、「人民的議会主義」という曲者だ。しかし、その実態は曖昧なもの。

兵本達吉元共産党員は、そのような用語に惑わされるな、と厳しく批判している。三十年近く共産党の国会議員団の仕事に従事した経験から語っている。

「いくら『人民的議会主義』といって議会の上に『人民的』という形容詞をつけてみても、共産党は議会主義の政党ではないということである。共産党は、あくまでも革命のための政党であり、革命のため、人民を指導（リード）する政党であって、議会の中にあって、議会活動を主眼とする議会主義政党とは、根本的に違う政党なのである。

議会主義の政党は本来、まず有権者ありきであって、有権者の要求（ニーズ）を満たすために政策を作る」「ところが、日本共産党は、まず歴史の発展法則を知っている『全知全能』の党、つまり『前衛党』である」「基本的なことは何も知らない無智蒙昧な国民を指導してやるのだ、と考えている」（兵本『日本共産党の戦後秘史』）

オカルト教団と同じ

ここまでいわれると驚く。とんでもない思い上がりの政党じゃないか。世の中は馬鹿ばかり、俺たちが目をさまさせてやる。俺たちは特別の使命を担っている、ということだ。これじゃ、オカルト教団と同じではないか。「前衛部隊」といってきた規約は後ろに引っ込めたが、根は残っているということだ。

『人民的議会主義』という共産党員必読書を書いたのは、他ならない不破議長。そこで「人民的議会主義」を定義している。

「われわれは、選挙と議会だけがすべてを決するというような観点から、大衆自体の運動の重要性を無視したり圧迫したりするブルジョア議会主義とは、もちろん無縁です」（『人民的議会主義』）

こういうと、いまの共産党は、二〇〇四年綱領で、憲法と議会主義は一〇〇％守ると決めたことをよく勉強して下さいよ、というかもしれない。ところが、そうはいわせない。不破自身が二〇〇四年綱領について、「（六一年）綱領の基本路線は、四十二年間の政治的実践によって試されずみ」（二〇〇三年六月、綱領改定案提案報告）と豪語するのだから、継続は間違いなし。

これを見ると、「マルクス主義は宗教だ」と断じたロシアの宗教家ベルジャエフを思い起こす。共産主義社会が来るのは歴史的必然で、我らは特別の使命を帯びた前衛なのだ。宗教でいえば、歴史的使命を帯びた人、つまりメシア（救世主）なのだ、となる。ここから独善、独裁の道に入るのは、これこそ「必然」だ。

志位委員長は「必ず共産主義の時代が来る」（朝日新聞のインタビュー、二〇一三年九月二十七日）という。「共産主義社会」など誰も知らず、どこにもない。共産主義といっていた世界はあるけど、ソ連はそれで七十年間頑張ったが、日本共産党も否定せざるを得ない暗黒の独裁国家だった。中国も共産主義の看板を捨てていないが、いまや世界を脅かす狂暴国家になっている。

米国のペンス副大統領は昨年（二〇一八年）十月四日の演説で、中国を厳しく批判して注目された。過去十年間で百五十人以上が信教と文化の弾圧に抗議して焼身自殺。百万人のウイグル人が収容所にぶち込まれ、二十四時間の洗脳を受けている、という具体的な事実にもとづく中国批判だ。これは凄まじい内容だ。よほど頭にきているのだ。

戦争より怖い共産主義

ソ連崩壊後、フランスで出版された『共産主義黒書』の内容も凄い。中国、ソ連など国際共産主義が一番人間を抹殺している。ドイツのナチスは比較にならない。ナチスによる虐殺は六百万人弱、第二次世界大戦の死者八千万人。

中国が「大躍進」や「文化大革命」の美名のもとに六千五百万人を殺し、ソ連も革命で二千万人が粛清された。これらを含め、共産主義の犠牲者は一億人に上ると弾いている。

ポーランド人が二万人以上銃殺された「カティンの森」事件も、ソ連の犯罪であることが確定した。

戦争より怖いのが共産主義だ。いまだ「共産主義」の亡霊にとりつかれている志位委員長に付き合う政党があるのだろうか。これは志位委員長の個人的な夢ではない。日本共産党のホームページを見ると、「共産党のキホンのキホン」という欄がある。そこには「理想は共産主義社会」とはっきり書いている。いま、日本を共産主義社会にしたいと思っている「危篤」いや「奇特」な人はいるのか。そのうえ、「代表は選挙で選ぶ」「方針はみんなで決める」という項目もあるのに驚く。

共産党は国会で「ブラック企業」の糾弾をやり、注目を浴びたこともある。しかし、「共産党のキホンのキホン」を見ると、これは「ブラック・ユーモア」というのではないかね。本当は〝赤〟だけれど、〝ブラック〟が好きみたい。

第六章　皇室の自壊を待つ日本共産党

共産党の猫かぶり

近年、日本共産党は、ものわかりのいい政党ぶりを示してきた。国会審議でも、他の野党は気に入らない法案が出ると平気で審議の「ボイコット」をするが、共産党はまじめに出席する。〝議会主義〟で「革命」などと無縁の姿勢を立派に取る。

先日、自由党の小沢一郎代表は、「反アベ共闘のためには、共産党は党名も綱領も変え、野党の主導権を取るべきではないか」と、ご親切な「進言」をしたという。

安倍晋三総理が執念を燃やす憲法改正についても、象徴天皇をいただく現行憲法を全面擁護すると二〇〇四年の現綱領で明白にしています、と大見得を切る。憲法擁護、議会主義擁護の〝まじめ〟で安心できる党というのが現在の共産党路線だ。

また、赤い暴力革命など無縁とばかりに、まじめに地域活動をし、地方議員を増やしている。いまや庶民の共産党アレルギーはほとんどない。共産党員のなかでも、共産党はずっと憲法を守る政党で、「革命」など無縁と考えている党員が多いとも聞く。

ところがここにきて、辻褄が合わなくなってきた。二〇一六年以来、国会の開会式には、志位和夫委員長らが、天皇のお言葉を聞く開会式に出るようになっていたのだが、御代替わりで昔の共産党に先祖返りだ。「天皇制打倒」の遺伝子が動いたか。

御代替わりの一連の儀式行事をボイコット。これでは「憲法擁護」が泣く。憲法の第一章は、天皇である。これにいろいろいちゃもんを付けたら、護憲派ではなくなる。

天皇在位記念式典は不参加

一歩譲って、共産党が政権を取ったら天皇をどうするつもりか。野党の連立政権ができれば、共産党も参加する可能性はゼロではない。

天皇の仕事の大部分は、一月一日の四方拝からはじまる膨大な宮中祭祀で、年間二十件以上の大きな行事がある。これに行幸、外交使節団への国際親善など盛りだくさんだ。

それ以外に、今上天皇が署名押印する文書は年間一千件を超えるという（櫻井よしこ他『皇位継承の危機いまだ去らず』）。

上皇になられる今上天皇は、さる二〇一九年二月二十四日の政府主催の在位三十年記念式典で、「象徴としての天皇像を模索する道は果てしなく遠く」と静かに述懐。天皇の仕事がいかに大変かを改めて知らされた。

共産党は、これを辞めさせるのか。国会開会式への出席、外国使節団への接遇もなしか。外国から日本に赴任する大公使は、宮内庁差し回しの馬車に乗って皇居で天皇陛下にご挨拶するのを無上の喜びとすると聞く。これも当然なくなる。在位記念の行事も一切なくなる。

そうすると、「日本国の象徴であり日本国民統合の象徴」ではもはやない。憲法違反になるといわないまでも、憲法軽視になる。

まず時間を追って、今回の御代替わりに対する共産党の態度をみてみよう。

昨年（二〇一八年）三月二十二日に共産党は、「天皇の『代替わり』にともなう儀式に関する申し入れ」を発表している。

「事実上の国家的行事として多額の公費（宮廷費）がつぎ込まれました。こうしたあり方は、国民主権の原則にも、政教分離の原則にも明らかに反しています」

昨年（二〇一八年）十一月三十日の衆議院内閣委員会に、「天皇の即位の日及び即位礼正殿の儀の行われる日を休日とする法案」が出た。これで四月末から十連休となる法案だ。各党賛成のなかで、共産党議員は反対した。大嘗祭などの行事は、「納得いかない」「宗教的行事に国費を充てるのは政教分離の原則に反する」というのだ。

しかし、皇室の御代替わりと一世一度の大祭である大嘗祭はセットで行われてきた歴史がある。これを切り離して、御代替わりはありえない。

また同日、秋篠宮が五十三歳の誕生日の記者会見で「大嘗祭への公費支出」を疑問視するかのような発言をし、注目された。共産党は、ここぞとばかりに小池晃書記局長がコメント。秋篠宮発言は「問題がない」とこれを支持した。

このあと、共産党は政府主催の天皇在位三十年記念式典に参加しなかった。在位十年、在位二十年の式典でも不参加を続けてきた。

在位三十年祝賀の国会決議にもとうとう反対したため、全会一致にならなかった。そういえば、全会一致を旨とする国会決議を、たしか最初に壊したのも共産党だ。一九六六年、中国の核実験強行に対する非難決議に共産党のみ反対し、全会一致の原則が壊れたのだ。

前の綱領は誤認だった

しかし、少し前の論調は違った。まるで、皇室を容認するがごとき態度だった。国会の開会式に出て、天皇のお言葉を神妙に聞く。それだけではない。いまの綱領を作り、いまだ大きな影響力を持つ不破哲三元議長は、「天皇制」は「君主制」ではない、といい出したのだ。筆者は「えー！」と驚いたものだ。戦前戦後を通じて「君主制打倒」「天皇制打倒」を最大の目標としてきた日本共産党がこれを否定するのか、と。「天皇制」という用語は、共産党も自慢するように共産党の造語だ。「君主制」といわず、「天皇制」といってきたのだ。

共産党は、二〇〇四年にいまの綱領を作った。それまでの一九六一年綱領と違って、「現行憲法」を擁護すると書いたのだ。これで、「天皇制」も結果として擁護派となったのだ。

不破元議長はこう語っている。

「日本の憲法は、この国家体制を『君主制』と規定し、そこから『君主制の廃止』を当面する変革の不可欠の任務と位置づけたのは前の綱領の誤認だった。新綱領ではこれを正し、『民主的改革』のプログラムのなかに『現行憲法の前文をふくむ全条項を守る』ことを明記」（『不破哲三　時代の証言』）

前の綱領を〝誤認〟とは凄い！　よくいったものだ。

この発言の背景について、筆坂秀世元党幹部がこう発言している。

「それは不破の知恵だった」「いま天皇制打倒なんて言っても国民に受け入れられるわけがない。どこからも相手にされない」（『日本共産党　本当に変わるのか⁉』）

政治家なら当然、気づく話だ。

「天皇制を君主制と呼んできたのは間違いだった」と大胆に発言したのだ。

日本はいつのまに共和制？

世界の国体（国柄）は、大別すれば「君主制」と「共和制」に二分されるのが常識だ。「君主制」は、「絶対君主制」と「立憲君主制」に分けられる。日本は「立憲君主制」に分類されるのが通説だろう。政府の公式見解もそうだ。内閣法制局長官は、「おおむね立憲君主制」だろうと国会答弁をしている。

つまり、「国家の形態を君主制と共和制とに分けまして……君主制をさらに専制君主制と立憲君主制に分けると、（略）わが国は（略）立憲君主制と言ってもさしつかえないであろうと思います」（一九七三年六月二十八日の参議院内閣委員会）と。

憲法制定時には、金森徳次郎国務大臣（憲法担当）は「広い言葉で申して居ります君主制というものの一つの日本的な現われと考えて居る訳です」（一九四六年七月十二日衆議院帝国憲法改正案特別委員会）と。

少数の途上国を除いて「絶対君主制」の国は壊滅している。英国に代表されるように、政治に直接かかわりを持たない立憲君主国が普通だ。

そもそも、君主制とは何かについてはいろいろ議論がある。比較憲法学の西修駒澤大学名誉教授によれば、「君主制とは、世襲制の独任直接国家機関（君主）の存在を認め、その君主にすくなくとも象徴的機能を与える国家体制である」（西修『憲法体系の類型的研究』）という。つまり、「世襲制」と「象徴機能」がカギなのだ。

不破元議長は、日本を「立憲君主制」とはいっていない。とすると何か。「君主制」と「共和制」の間に「天皇制」を置くのか。「立憲君主制」と「共和制」の間に置くのか。

そんな説は、世界はもとより日本の学説でも定着していない。あるとすれば相当昔に遡る。憲法制定時だ。宮澤俊義東大教授は、それに近いことをいっていた。憲法における天皇の地位は共和制に近い、と。不破元議長は、それを思い出したのか。

党員向けの言い訳Q&A

二〇〇四年に現綱領ができたとき、「憲法擁護」なら天皇も自衛隊も認めるのか、という議論が党内外で起きた。当然だろう。共産党員にとっては衝撃だった。なんのために共産党で頑張ってきたのか、となる。そこで党内あるいは支持者向けに、言い訳というか「説明」が必要になる。そのために作られた「Q＆A」がある。

赤旗日曜版、二〇〇四年三月七日号の「ここが知りたい特集」「日本共産党綱領と天皇制、自衛隊」「より明らかになった変革の道すじって」という特集だ。

Q「今度の綱領は天皇制、自衛隊を容認したの？」

A「いいえ、違います。（略）日本共産党は、天皇制や自衛隊を『よい』ものだとは考えていないし、民主主義の精神や人間は平等という精神から、天皇制をなくす、……という立場に立っているんです」

Q「戦前は、天皇制打倒を掲げていたと思いますが…」

A「戦前と戦後では、天皇制の性格と役割が憲法で大きく変わったんです」「天皇条項を含んだいまの憲法のもとでも、日本の民主的改革はできます」

Q「では、どうやってなくしていくんですか」

A「日本共産党の考えだけで変えられるものではありません。これをなくすことは、国民の中で〝民主主義を徹底させよう、そのためには民主主義と矛盾する制度はもう終わりにしよう〟という声が大きくなったとき、はじめてできるようになります」

なんだか苦しい言い訳に聞こえる。やめたくても、やめられない。決して認めてないよ。やがてなくそうね。ということだろうか。

いやなら、きっぱりやめます。やめさせるため、頑張ります。というか、それとも認めます。というほうがすっきりしている。もともと共産党は「前衛党」で大衆政党ではなく、主義信条を貫き、大衆を煽動いや先導する使命を帯びた政党のはず。他の大衆政党と違い、上意下達、「民主集中制」の党ではなかったか。

天皇をなくすかどうか、自衛隊をなくすかどうか、というのは国政上の最大の問題だ。これをどうするかについて、「国民世論の大勢」にまかせるなど、とんでもないことだ。政党の責任放棄である。

この問題に深入りしては国民から孤立してしまうので、本心は隠し、時世の推移を待つという見え透いた戦術だろう。

天皇を「戦犯第一号」と

しかし、あまり本心を隠し続けると、共産党員のなかでも本心が消えてしまう恐れもある。

元党員だった篠原常一郎は、「暴力革命なんて全く受け入れられない素地ができている」「戦後、天皇制の打倒を主張したことは一度もない」（『正論』二〇一六年十一月号）と述べている。「君主制打倒」が六一年綱領のキーワードだったことにも驚く。

現憲法制定に唯一反対したのが共産党などとは知らず、共産党は護憲の党と思っている党員、支持者が多いと筆坂元幹部もいっている。

古いことを知らない党員も多いだろうから、ここで共産党の「天皇制」に対する〝歴史的な闘争〟を振り返ってみよう。過去があって、現在がある。共産党は今年（二〇一九年）で九十七年の長い長い歴史があるし、「天皇制」と真正面から衝突した、まさに「唯一」の政党である。

〝日本〟共産党は日本製ではない。日本で「唯一」の外国製の党だ。戦前の共産党の文書を見ると、「国際共産党日本支部日本共産党」とある。

国際共産党とは、ロシア革命を起こしたソ連共産党が主導して世界中に作ったもの。ロシア革命は、ご存じのように、ツァーリと呼ばれていたロマノフ王朝を打倒してできた。王族は皆殺し、死体も隠された。文字どおりの「絶対君主制」の打倒だ。日本もこの影響で、国際共産党つまりコミンテルンの指令で君主制打倒となった。

一九二二年七月十五日に共産主義者が集まり、共産党を結成。委員長は堺利彦で荒畑寒村、山川均、それに徳田球一らが集まった。議論の中心は「天皇制」問題。

このときのコミンテルンからの指令に参加者はびっくり。天皇を殺そうとして十二名の死刑が出た、いわゆる大逆事件から十年あまり。無産運動の〝冬の時代〟だった。そこで、議案書にあった「君主制廃止」という文字を切り抜いて配られた。第二の大逆事件だと死刑を覚悟し、堺委員長は、今日はこの議論はなかったことにすると解散したそうだ。

当時は、皇室に対する庶民の信頼、崇敬の念は厚く、「天皇制打倒」では国民に相手にされない。ロシア革命後、日本ではその影響を防ぐため、従来の治安警察法につづいて治安維持法ができ、国体変革など論外だった。

しかし、日本共産党に集まった革命家は、このテーゼを飲み込んで死に物狂いの行動に出た。これで多くの共産党員や支持者は逮捕されたり、拷問を受けたりした。当時の官憲の行動は決して是認できないものがある。河合栄治郎東大教授など、多くの自由主義者も悲惨な目に遭った。

戦後、ＧＨＱによって共産主義者が解放され、再び活動を開始。中心人物は、徳田球一、志賀義雄、野坂参三、そして宮本顕治らである。

共産党は再建されるとすぐ、戦争犯罪人の糾弾を強く求めた。合計二十一万人が公職追放になり、東京裁判で七名の絞首刑などがいい渡された。このとき、共産党は激しく戦争犯罪人を追及、そのなかには吉川英治、西条八十ら当時の著名な文化人はもとより、天皇一家まで「戦争犯罪人」として葬れといった。

一九四五年十二月八日に「戦争犯罪人追及人民大会」が開かれ、共産党幹部の志賀は「天皇は戦犯第一号だ！」と絶叫した。

これには、その後、党内でも批判が出た。不破元議長の兄の上田耕一郎元副委員長は、徳田書記長体制の暴走が共産党を孤立化させ、大事な統一戦線づくりを失敗させたと書いた（上田耕一郎『戦後革命論争史』）。これは、徳田時代が終わったから書けたものだ。

この当時で注目すべきは、その後、党の主導権を握り、今日の共産党の路線を作った宮本元議長の言動だ。党再建後、共産党は機関紙「アカハタ」につづいて『前衛』という理論誌を出した。編集人は宮本で、創刊号に天皇制批判を書いている。

そこで、当時一番問題になっていた「人民戦線」決定について宮本は、それは「天皇制打倒のための人民戦線」でなければ意味がない、と強調している。

府中刑務所にいた「獄中十八年」の徳田や網走刑務所にいた宮本にとっては、獄中で「天皇制打倒」を心の支えに歯を食いしばっていたのだろう。この怨念にも等しい思いが、敗戦による占領、解放で一挙に噴き出た。「弾圧」に対する憎しみが、すべて天皇家に向けられた。この思いは最後まで激しかったようだ。

凄まじい天皇への怨念

昭和天皇の崩御のときも、この思いが炸裂している。戦後派の不破元議長とは違う。これは古い話のようだが、いまの志位委員長、その前の不破委員長、そして宮本委員長と三代続く現体制の土台を作ったのは、まぎれもなく宮本委員長。宮本があって、不破が抜擢され、そしてそのもとで志位委員長がいるのだ。

宮本はこういっている。

「私も戦後、出獄して最初に『前衛』に書いた論文が『天皇制批判について』という論文だったんです。天皇制に反対するということで長期にわたって投獄されたという点からみて、片時も忘れることができない（笑い）問題ですから」「身をもって（笑い）長年にわたって残虐な圧政の実態をよく知っています」「天皇こそが侵略戦争の最大の責任者なのです」「現在の象徴天皇制も主権在民に矛盾しているものです」（「赤旗」一九八六年一月一日）

また昭和天皇崩御のときは、

「自分の感慨をふくめていいますと、日本歴史上最大の惨禍を日本国民にあたえた人物が、支配勢力のいわば最大の礼賛、哀悼のなかで世を終わるということの矛盾ですね」（「赤旗」一九八九年一月八日）

その憎しみ、怨念は凄まじい。いまの天皇制も「主権在民に矛盾」する、と明言していた。

最近、「天皇は戦争犯罪の主犯の息子」と暴言を吐いた韓国の国会議長の発言にそっくりではないか。

昭和天皇崩御で多くの国民が悲しんだとき、宮本共産党はバッサリと天皇を切り捨てた。覚えているだろうか。一連の葬儀についても、共産党は後ろを向いた。当時の新聞を見ると、「即位の礼、共産党を除き出席」とある（朝日新聞、一九九一年十一月十一日）。

日本共産党の歴史を見ると、「天皇制」をどうみるか、「社会主義の一段階革命」か「民族民主革命と社会主義革命の二段階革命」か、コミンテルン・ソ連寄りか中国寄りか、武装闘争か、「敵の出方」次第か、というのが結党以来の大きな争点だろう。

「天皇制」でいえば、先に述べたように、堺利彦らの最初の共産党は、コミンテルンの君主制打倒に驚き、解党する。

次に大問題が発生したのは、いわゆる「転向」事件。一九三三年、戦前の共産党の最高幹部で獄中にいた佐野学、鍋山貞親らが、コミンテルンの指導に反対し、日本の社会主義として、天皇制を支持する社会主義を提唱した。

二人の転向声明にはこうある。

「本来、君主制の打倒はブルジョア・デモクラシーの思想であり、社会主義革命の目標ではない。のみならず天皇制はツァーリズムなどと異なって、抑圧搾取の権力たることはなかった」

「日本の皇室は言わば人民的性質がある」

「日本においては皇室を戴いて一国社会主義革命を行うのが自然であり、また可能である」

よくここまでいえたものだ。これで、獄中の共産党員が一挙に「転向」脱党した。転向者は六百名近くに及ぶ（詳しくは拙著『皇室を戴く社会主義』参照）。

戦後もいろいろと事件があった。一番注目されたのは、中国から凱旋帰国した野坂参三の発言だろう。「愛される共産党」で多くの国民を魅了した。彼は、こわもての共産党ではなく、国民に愛される共産党を作ろうとした。その中心課題は、天皇制に対する態度である。

中国共産党が支配する延安では日本人捕虜に対して反日、抗日の政治教育をした。しかし、敗残兵たちが授業が終わると裏山に登り、日本に向かって皇居遥拝の最敬礼をしているのに衝撃を受け、反皇室ではない共産主義教育が必要と痛感したという（城山英巳『中国共産党「天皇工作」秘録』に詳しい）。

野坂は、一九四五年四月に中国共産党大会で演説をする。

「（天皇の）半宗教的影響力に対しては、用心深い態度を取らねばならない。過去七十年間に一般人民に植え付けられた天皇または皇室に対する信仰は相当に深い。我々は譲歩しなければならない。天皇存廃の問題は戦後一般人民投票によって決定されるべきだ」

これはいまの不破発言と似ている。不破は意外と野坂から学んでいたのかもしれない。野坂は日本に帰国し、大歓迎を受けたものの、共産党の内部では徳田、志賀らに抑え込まれる。さらに衝撃的な決定がコミンテルンから出る。「愛される共産党とはなにごとぞ」と野坂は自己批判させられて、おじゃんに。

宮本書記長の下では党内論争が決着し、反対派は党を去るか、追い出される。

一貫して天皇制廃止を主張

その後も、共産党は現行憲法のもとでの「天皇制」に厳しく反対してきた。一九七七年に共産党から出た『天皇と政治』を見ると、上田政策委員長は、共産党は「五十年間一貫して天皇制の廃止を主張」という。つまり結党以来ということだ。

一九八八年に出た『天皇制の現在と皇太子』というブックレットでも、この流れを汲んでいる。この文書のなかでは、もともと「人民共和国憲法草案」で天皇制を否定している。そのうえで、「君主制を戴いた共和制なんてありえません」「天皇制は、主権在民に反する反動的な君主制の遺物」と、きっぱり切り捨てている。

一九九九年に出た『新日本共産党宣言』（光文社）でも不破元議長は、天皇は「戦前の君主絶対の制度の名残りであり、民主主義の時代には合わない時代錯誤のものだ」と断言していた。

こう見てくると、日本共産党の「天皇制」に対する態度は揺れている。「一歩前進、二歩後退」か？　「二歩前進、一歩後退」か？

不破元議長の「天皇制」は「君主制」ではないという解釈はユニーク過ぎるのではないか。これを雲の上にいる宮本顕治や上田耕一郎が知ったなら何というだろうか。野坂参三の自説を認め、「転向」組に迎合するなんてただで済むか。ボコボコにぶん殴られ、リンチを受けないか、心配になる。

志位委員長も、「日本は国民主権の国であり、いかなる意味においても君主制の国ではない」（志位和夫『綱領教室』第三巻）と、不破解釈を引き継いでいる。

結局、共産党は皇室をどうするつもりなのだろうか。いままでの流れから予想すれば、一つは野坂路線で天皇の問題には触れない。国民世論は圧倒的に皇室を支持しているから、このままにしておく。党内的には、いずれ時期が来ればなくすといい張り、過去との辻褄をあわせる。

もう一つは、皇室の自壊をまつ。ジャーナリストの櫻井よしこは「悠仁さまが天皇に即位なさるとき、現状のまま推移すれば、皇族方は本当に誰もいなくなる」（産経新聞、二〇一九年一月七日）と皇統の危機を論じている。皇室男子ゼロの時代が迫っている。このまま放っておくと、共産党の思う壺になる。皇室の根を耕しておかないと大変なことになる。これでいいのか。国民が問われている。

第七章　九十七歳、日本共産党は〝認知症〟だ

革命論が見え隠れ

日本は世界一の超高齢化が進んでいる。日本共産党も結党以来、なんと満九十七年（二〇一九年で）。人間なら九十七歳の超高齢者だ。続く自民党は一九五五年生まれだから、まだ六十五歳か。人間も、九十七年も生きるといろんなことに遭遇する。日本には大きな戦争や、占領下の時代があった。バブルも、震災も。九十七年もあると、挫折や失敗があり、曲がり道、迷い道、くねくねだ。

しかし、日本共産党というのは自信家というかプライドが高くて、「いつも『一貫して』きたぞ」とか、「一貫して『反戦平和のため』『主権在民の民主主義のため』闘ってきたぞ」と力む。

本当か。事実はそう簡単ではない。国民を惑わしたり、共産主義への幻想を与えたり、いろいろあった。忘れたのか。

最近、共産党は、戦後は「正規の機関が『暴力革命』などを決めたことは一度もない」（市田忠義副委員長の発言、大下英治『日本共産党秘録』）と言い張る。これには、びっくり。本当かね？　それに代わって口にするのは「多数者革命」という一見、おとなしい独特の言い回しだ。

「革命」を否定し、多数者革命だと。でも、議会制民主主義という普通の用語は使わない。多数者革命とは何か。いまの日本は、選挙で多数派になれば政権は取れる。「多数者」と「多数派」はどこが違うのか。多数派なら「革命」は無用だ。「多数者革命」など言葉の矛盾。選挙で「多数派」を取って政権を握ります、で十分ではないか。

「革命」は、少数者の選挙に依らない非合法の政権奪取のはずだ。いや、それはクーデターで「革命」ではない。「革命」は支配権力の移動だ、というのかな。おかしい。そこに、やはり革命論が見え隠れする。

過激派団体と一緒の扱い

それが、一九六一年綱領から続く「敵の出方」論だ。選挙での政権奪取以外に、「敵の出方」いかんで暴力的手段もとるという戦略で、これは四・二九論文として、いまも不破哲三元議長や志位和夫委員長がたびたび引用する。四・二九論文とは、一九六七年四月二十九日に共産党から出された論文で、当時、中国共産党から突き付けられた暴力革命論と、反対の議会主義論の両方を否定した論文だ。

暴力革命を否定するなら、「敵の出方論」や「四・二九論文」を放棄すべきではないのか。大体、議会主義は選挙結果にもとづいて、政権交代をスムーズにする紳士ゲーム。相手次第で暴力を振るうぞとなれば、これは成立しない。お互いに暴力を手放せなくなる。やるか、やられるか。だから共産党はいまだ、破壊活動防止法の調査対象団体として、左右の過激派団体と一緒の扱いになっている。「革マル」「中核」「オウム真理教」と同じ。政党として恥ずべきことじゃないのか。

曖昧な多数者革命とか敵の出方論を捨て、すっきり議会主義で選挙で政権を目指します、とすればいいのに。それでも、そこそこ闘えるのではないか。まあ、余計なお世話か。

志位委員長は、いまの憲法は素晴らしいのでこれを守ろうという。「憲法9条という宝」（志位和夫『綱領教室、第3巻』）といったり、「憲法9条の世界史的な先駆的意義」（同上）という。最高級のべた褒めだ。ここまでいうか。共産党系の「九条の会」という応援団とぴったり歩調を合わせている。

しかし共産党の歴史を見れば、これほどの「転向」「変節」はないのではないか。いまの憲法が占領下で誕生したとき、衆議院で反対演説をし、反対票をいれた「唯一の」政党が日本共産党だった。戦後史を語るうえで、絶対外せない出来事だ。

九十七歳にもなると、人間なら認知機能が低下するのは当然だろう。大目に見て、付き合わなければならない寛容さが求められる。しかし、共産党はそうではない。共産党が憲法に反対票をいれ、そのうえ独自の「日本人民共和国憲法草案」まで公表したことは、忘れることができない歴史的事実だ。

憲法批判が一転、擁護に

人民共和国憲法草案は、当然ながら、皇室を廃止し、共和制の実現だ。侵略戦争は否定するが、自衛戦争や自衛軍を否定する条項はない。このもとになるのは、国会での有名な質疑だ。野坂参三は党を代表して、厳しく憲法案を否定した。

一九四六（昭和二十一）年八月二十四日の衆議院本会議で、憲法九条は「一個の空文に過ぎない」「我が国の自衛権を抛棄して民族の独立を危くする危険がある。それ故に我が党は民族独立の為に此の憲法に反対しなければならない」と明言した。

いまの保守派がいいそうなことを、当時は共産党が堂々と主張したのだ。占領下でも、こうした堂々たる反対論があったことは、日本の歴史上、燦然と輝くことではなかろうか。保守派が涙をのんで占領軍に従ったのに対し、立派なことではないか。

吉田茂総理の側近だった白洲次郎は「今にみておれ」と日記に書き、貴族院では採決のとき、佐々木惣一、沢田牛麿の二人が反対投票をし、賛成演説でも数名は「声涙ともに下るという切々たるもの」(佐藤達夫『日本国憲法誕生記』)という。占領下で泣いた。

これを、共産党がいまになって全否定するのは残念だ。誇るべき歴史ではないのかな。それも共産党は、当時の主張や人民共和国憲法草案は誤りで、「お詫びし、訂正します」というなら可愛いけれど、いつのまにか知らぬ顔というのはおかしい。

唯一、頑張って「反対」したものを、いまや「宝だ」って。どうなっているの? 憲法ができてから、どこか改正されたのか。

憲法はできてから七十三年も手付かず、という世界でも稀な憲法になっている。共産党は、憲法の「『平和的民主的条項』を守れ」から、「『全条項』を守れ」に豹変。米国からの自主独立を「一貫して」叫んできたのに、米国占領下に作られた憲法を丸ごと支持とは。

無理筋な言い訳

まだまだある。前にも書いたが、「外国から金をもらったことはない」というのもそうだ。ソ連共産党指導の下に、コミンテルン（国際共産党）ができ、世界中に共産党の支部が作られた。日本もそう。中国もそう。ヨーロッパでは、フランス共産党、イタリア共産党が有力だった。

こうした国の支部には、指令（テーゼ）、資金、それに武器まで送られたのは、周知の事実だ。日本についても、証拠が出揃っている。一九二七年の二七年テーゼ、一九三二年の三二年テーゼが有名。天皇制を打倒せよ。ソビエト・ロシアを守れ。中国革命を支援せよ。日本の戦争を敗北させ敗戦から内乱に持ち込め、などだ。

武器の供与については、党の元最高幹部だった田中清玄がはっきり証言している（田中清玄『清玄血風録』）。ピストルをたくさんもらって、山中で腕試しをしたと。まあいい。革命運動でありがちなことだ。

問題は、ソ連からの資金提供をいまだ否定していることだ。ソ連崩壊で、様ざまな資料が明るみに出た。各国共産党への資金提供資料も。フランス、イタリア、中国に続いて日本だ。ソ連共産党の日本部長と呼ばれたコワレンコも、戦後二十年間、毎年五十万ドル（五千万円以上）と証言（コワレンコ『対日工作の回想』）している。

日本共産党が、「この事実を認めようとしない厚かましさ」に腹を立てている。日本共産党は、ソ連からの金は「まったくのデマ宣伝です。外国の共産党からお金をもらったことは一度たりともありません」（特集「Q＆Aでおこたえします」二〇一三年七月、「しんぶん赤旗」）。

もらったのは党を裏切った野坂参三らで、党は一切もらってないと。死人に口なしといっても、これは無理な話だ。もらったけど、その当時はソ連べったりの指導部がやったことで、いまの「自主独立の」共産党とは関係ありません、といえばいいではないか。あるいは、ソ連共産党の影響下にあったときはいろいろやりましたといえばいい。

たとえば、敗戦時の満洲でのロシア兵による日本人の虐殺・暴行、シベリア強制抑留についても、ソ連軍の「一時的な混乱期の産物」（一九五三年二月『共産党問答』）と庇ったり、一九五六年のハンガリー事件（ソ連軍によるハンガリーの自由化弾圧事件）についての「ソ連軍への連帯」表明（一九六八年八月二十八日「赤旗」）とか、一九六八年のチェコ事件でも「干渉すべきでない」（一九六八年七月二十日）と発言。みんな間違っていましたといえばいい。反省している、と。

国内でもいろいろある。「天皇制打倒」もひどい。「君主制廃止」「天皇制打倒」が一枚看板だったのが、不破議長の時代から、あれは「誤解」、いまの皇室は「主権在民」で「君主制ではない」といい出した。そのうえ、何をいうかと思ったら、共産党はずっと「天皇制打倒」とはいってない、といい出す有様。

驚いた。宮本元議長は、戦後第一号の「前衛」で「天皇制打倒の任務」を繰り返し、「天皇制打倒のスローガンは一九二二年我が党の創立以来、掲げられてきたもの」といっている。知らないと思っていい加減なことをいうものじゃない。〝私はだまされない〟とは、振り込め詐欺防止のスローガン。みんな用心、用心！

共産主義で自由が広がる？

さて、共産党って何だろう。共産党が、共産党をよく知らない若者向けに出しているのに「共産党のキホンのキホン」というブログがある。これをみると、ハハーッと思うことがある。また、志位委員長の発言（『綱領教室』など）とか、不破元議長の講義録（『報告集・日本共産党綱領』など）が参考になる。

一つは、「必ず共産主義の時代が来る」（二〇一三年十月二十七日、朝日新聞）と志位委員長は嬉しそうにいう。共産主義社会については「キホンのキホン」で書いてある。人間の自由時間や自由が広がるという。楽観的というか、夢見る人か。不破元議長も、「生産手段の社会化」で自由の時間、自由の社会が広がるという。そうかな。社会化と自由化とは真逆のような気がするが。

この点について、警戒感もある。「問題は、『生産手段の社会化』という目標とその実現の仕方である。この目標は是が非でも実現しようということであれば、やはり待っているのは流血の大惨事ではないだろうか」というのは、兵本達吉元共産党員だ（「日本共産党の『黒い報告書』」「月刊Hanada」、二〇一六年八月号）。ロシア革命で、中小商工業者や地主など「無実の数百万人が銃殺され、餓死させられ、強制収容所や強制移住地で死んでいった。今や、この物語はジェノサイド史の中でも大きな一章を割く」（ネイマーク『スターリンのジェノサイド』）といわれる。映画『スターリンの葬送狂騒曲』でも、そういうシーンがあった。

共産党員は極楽主義者か

不破元議長の講演録を見ると、人類はこれまでの歴史が「前史」で、これからが「本史」に入るという。それによく出てくるのが、例のマルクスさん。いまはレーニンさんは駄目になった。不破元議長がよく引用していたのに切られたな。社会主義革命から共産主義革命という二段階論が切り捨てられた。いまは一段階論。社会主義と共産主義はどちらも同じことだって。マルクスはそんな違いをいわなかったと、さ。

これを見聞きすると、共産主義はやはり一種の「宗教」だと思う。昔から、「共産主義という名の宗教」だと指摘してきた人はたくさんいる。ロシアの宗教家で、のちに追放されたベルジャエフなどが有名だ。

マルクスは、「朝に狩りをし、午後に漁をし、夕方に家畜の世話をし、食後には批判する」（「ドイツ・イデオロギー」『マルクス・コレクション(Ⅱ)』）という名言を残した。

これは、キリスト教の千年王国への道に似ている。千年王国とは、キリストが再臨後、最後の審判までの一千年間治めるという地上の王国をさす、といわれる（『百科事典マイペディア』）。革命から自由の天国へ。かつて慶應大学の中村菊男教授は、マルクス主義と仏教の類似性を指摘し、末法と西方浄土、極楽往生を似たものとした（中村菊男『現代思想としての民主社会主義』）。

共産党員は極楽主義者なのかな。

そう、いまの政策でも存在する。自衛隊政策などはその典型だ。「自衛隊がなくても平和に生きていけるじゃないか、と国民が確信をもてるようになって」（二〇〇四年三月七日、「しんぶん赤旗」特集）、自衛隊は解散し、非武装にするだって。

志位委員長も、「国民の圧倒的多数が『万が一にも心配ない、自衛隊は必要ない』と考えるようになるだろう。そういう合意が成熟するときが来るだろう」（『綱領教室』第3巻）と。驚く。これは小学生の回答なのか？　世界中に戦争が絶えず、みんな武器をもっているときに、こんな極楽トンボなことを。これ、「政策」なのか「夢」なのか。はっきりさせてよ！

それとも、この発言は裏があるのか。自衛隊はなくならない、ずるずると引っ張り、自衛隊をこき使うぞ、というふうにも読める。

中国の手先だった

これでは、自衛隊は悲惨なことになる。お前たちは「憲法違反だ！」といいつつ、しばらくは使ってやるぞ！　大震災や戦争になれば最前線で働け！　東日本大震災でも、自衛隊はトコトン使われた。死体が溢れる泥濘のなかを歩いて、死体処理や復旧に昼夜を通じて働いた。国連のＰＫＯ部隊でも、灼熱の地で土木作業や停戦監視などで汗をかいてきた。お前らは前政権の〝負の遺産〟だと、こき使う訳か。

自衛隊がなくてもいい平和な社会などあるのか？　実は、それがある。自由と独立のある平和でなく、〝奴隷の平和〟だ。どこかの国に占領されるか、隷属するときだ。独自の軍事力を保持できない状態だ。日本も、占領下にあったではないか。

かつて森嶋通夫ロンドン大学教授は関嘉彦都立大学名誉教授との論争で、「不幸にして最悪の事態が起これば、白旗と赤旗をもって、平静にソ連軍を迎えるより他ない」（森嶋通夫『自分流に考える』）という暴言を吐いたのを思い出す。共産党は、まさかそれを思い出している？　とんでもない話。冗談にも程がある。

犯罪の歴史をみると、〝加害者〟がいつの間にか〝被害者〟に豹変することがある。歴史のなかでもよくある。第二次大戦でも、ソ連は日ソ中立条約を一方的に廃棄し、日本人を六十万人も強制連行し、日本がポツダム宣言を受諾して降伏したあとで、北方領土を侵略した。日本を文字どおり侵略した。それが、〝被害者〟、戦勝国として戦後、日本に居直っている。

日本の戦後政治史では、国会で乱闘を繰り返し、与党などから〝暴力の党〟といわれた日本社会党が、一九六〇年の浅沼委員長刺殺事件で評価が逆転。暴力テロの〝被害〟政党、殉教者として、マスコミや世論の同情をかった。

日本共産党は、いわばソ連製の政党として、日本にも革命を起こすために活動してきたことは紛れもない事実だ。戦前は、「ソ連革命を擁護」「中国革命を支援」「日本で敗戦内乱革命を志向」してきたこと、戦後もソ連、そして中国の共産党のいわば〝手先〟として動いたことは明らかだ。

自主独立のためという欺瞞

一九五〇年の朝鮮戦争前後は朝鮮戦争の一環として、日本国内で反米武力闘争を起こした。「朝鮮戦争の一部だった日共の軍事闘争」と兵本達吉元共産党員は断罪する。名古屋の大須事件など、その代表的な武力闘争だろう。

一九五二年七月に名古屋の大須球場周辺で起きた事件で、約一千人がデモに流れ込み、警察と正面衝突。火炎ビンと投石で一帯が火の海になり、百二十四人が逮捕された事件だ（兵本『日本共産党の戦後秘史』に詳しい）。共産党による「武力闘争」事件は、一九五一～五三年の間に二百六十五件、交番襲撃は九十六件といわれる（同上）。〝中核自衛隊〟〝山村工作隊〟なども懐かしい。

一九六六年に転機がきたようだ。毛沢東に武装革命を迫られたのを拒絶する。そんなことをしたら、日本共産党は壊滅する。この日中共産党の決裂から、これまでのソ連追随、中国追随をやめたことは事実だろう。

しかしいまの共産党は、まるでずっと〝自主独立〟のために闘ってきたかのようにいうのは、欺瞞ではないか。

この言い回しは、いろんな文書に出てくる。とりあえず二つ取り上げる。一九九三年に出た『日本共産党50問50答』を見る。「日本共産党は世界でも有名な自主独立の党です。アメリカをはじめ、どんな大国のいいなりにもならず、ソ連、中国の覇権主義の誤り、その干渉・攻撃にたいしても正面からたたかってきた世界で唯一の党です」と、まさにドヤ顔だ。

もう一つは、不破元議長が二〇一七年の共産党創立九十五周年記念講演会でした講演だ。ここで不破元議長は、共産党はこれまで三つの闘いをしてきたという。戦前の暗黒政治、戦後の共産党排除の壁、その中間にあるのが「覇権主義の無法な攻撃とのたたかい」だ。

「五〇年代半ばに、この混乱からぬけだし、……その後の党のすべての活動を貫く基本精神となった」というが、前述したように、一九六六年までは中ソに振り回された。一九六四年の中国の核実験に国会が反対決議をしたときも共産党だけが反対した、その事実一つだけでも明らかだ。「第二次大戦後、ソ連崩壊までの半世紀に、こういう闘争を、同時に二つの巨大な敵（注、米ソ）を相手にしてたたかった共産党は、日本共産党以外には、世界のどこにもありません（拍手）」

「二つの覇権主義（注、ソ連、中国）にたいするこれらの闘争は、世界の運動史に例のない、偉大な闘争だったと思います（拍手）」

さすがに共産党の集会だから、「拍手」「拍手」と、さぞかし気持がよかったであろう。

共産党こそ「説明責任」を果たせ

しかし、事実の歪曲だ。兵本は断罪する。

「わが国の長い歴史のなかで、外国の指導者（スターリン）の指揮棒に振り回され、彼らの政策遂行の道具として、自国政府の転覆をはかった政党は日本共産党以外にはない」（同上）

これに日本共産党は、どう回答するのか。

外国のいわば〝手先〟になって、革命闘争、武装闘争を繰り返したのに、いや、そうではなく、ソ連や中国からの「無法な攻撃」と闘っていたんですよ、という。〝加害者〟が、〝被害者〟だというのだ。

これをみると、ドストエフスキーの名作『罪と罰』を思い出した。犯人のラスコーリニコフは老婆を殺すが、開き直る。人間には、普通人と普通ならざる人がいる、エリート（共産党でいえば前衛）は別だ、と。また、行為が悪でも、それを帳消しにするほど良い結果があれば許される。という二つの〝理屈〟だ。ロシア革命を指揮したレーニンは『左翼小児病』で、革命という大義のためなら、欺瞞、裏切りなどなんでも許されるかのように書いた。これなのか。

〝加害者〟が免罪となることはある。まず、当事者の意思能力喪失だ。何をやったかわからない状態。オウム真理教の〝マインド・コントロール〟などこれであろう。二つ目は、正当防衛、緊急避難だろう。生き抜くため、他に方法がない場合だ。三つ目は、強要罪か。無理やりにやらされた場合だ。

いまの共産党のいい分は、どれに相当するだろう。三番目の強要罪か。過去のことは、ソ連、中国に無理やり押し付けられたことで、日本共産党はそれに必死に抵抗してきた歴史なんですよ、私たちは暴力を振るったり、一九三二年の銀行ギャングや三三年のリンチ致死事件など、悪いことは何もしてませんよ、とでもいうのか。

共産党など、野党はよく国会で、政府与党に対して「説明責任を果たせ」と迫る。共産党も自らの歴史について、いい逃れでなく、「説明責任」を果たしてもらいたい。

志位委員長は、「党をつくって九十四年、一筋に反戦平和と国民主権の旗を掲げて不屈にたたかい続けてきた党、相手がどんな大国であれその指図を受けず、日本の進路は自分たちの頭で決める自主独立を貫いてきた党が日本共産党であります（拍手）」と、創立九十四年記念講演（二〇一六年八月七日「しんぶん赤旗」）を行って胸を張った。

これがすべて本当なら、それはそれで敬意を表す。

しかし述べてきたように、これはごまかしだらけだ。「一筋に反戦平和」「不屈のたたかい」、どんな大国にも「指図されず」だって。なんだか、「雨にも負けず、風にも負けず」という宮沢賢治の詩を思い出す。

こんな子供だましの論理、屁理屈は、通用しない。通用するとすれば、共産党員を含めて、古い都合の悪い話、「不都合な事実」はすっぽり忘れさせるマインド・コントロールが必要。国民や支持者をコントロールする「宣伝」、政治教育を懲りずに続けざるをえないだろう。

日本共産党は九十七年の歴史のうち、中ソに支配されていた期間は一九二二年の結党から一九六六年までとすると、四十四年間にわたる。党史の半分に近い。この期間が嫌だ、責任が持てない、というなら、この期間を差し引いて、実は九十七歳ではなく五十三歳ですと取り消すなら、まだ可愛い。それをいまだ「九十七年」「一貫して」というと、こちらも懲りずに批判し続けねばならないことになる。

第八章　共産党「綱領改定」で蘇る野坂参三の亡霊

共産党政権参加の悪夢

新春に、令和の三大危機を占ってみた。戦争の危機、大震災の危機、そして共産党政権参加の危機か。ここでは、第三の危機について考えてみよう。

ドローンではないが、歴史を上空から俯瞰すれば、共産党はすでに過去の政党だ。去年はベルリンの壁が崩壊してから三十年だったが、壁崩壊と一九九一年のソ連崩壊で、共産主義への幻想は消え失せたといっていい。共産党が幅を利かせ、政権にも入り込んだフランス共産党、イタリア共産党は吹き飛んだ。フランス共産党は小党になり、イタリア共産党は党名、綱領を変え消滅した。先進国といわれる国で、共産党が大きな顔をしているのはあるのか?

どこにもない。唯一の例外が日本だ。それも生き延びて、あわよくば政権の一角に入り込もうとするのだから油断がならない。共産党の「ソフト」化で、国民の警戒心が薄くなった。「維新の会」を除いて、他の野党は共産党の票に物欲しげだね。貧すれば鈍するか。これが問題だ。

中国は共産党が大手を振り、世界中に金をばら撒いて強大化しているが、それは共産主義というより愛国主義と強権による全体主義国家だ。香港の騒動をみれば明らかである。ロシアも超大国だが、共産主義とは縁遠い。ウクライナへの侵攻など、強権国家だ。両国とも、かつてレーニンが糾弾した「帝国主義」国家そのものだ。

なぜいま綱領を改定？

日本共産党は、綱領の改定を決めた。なぜか。中国を「社会主義をめざす」仲間と認めてきた条項などを変えることが、昨年の中央委員会で決まった。いまの綱領は二〇〇四年に大幅改定されたから、十六年ぶり。現実に合わせて時々変えるのは合理的だ。憲法も、そう願いたい。七十年以上改正なしの憲法は世界中にない。現実に目をつぶるのか。

共産党の前回の改定は、宮本顕治時代から、不破哲三時代への主導権交代を象徴するものだった。それまでの憲法否定論から憲法「全文を守る」に転換し、それまで否定してきた自衛隊、皇室を認めるのか、と党周辺でも論議があったような大改定だった。一方、対外関係では、それまでいわば師と仰いできたロシア共産党を糾弾し、その代わり、

「社会主義をめざす」仲間の党として、中国、ベトナム、キューバの三国を指名した。

ところが、中国はどうも評判が悪い。そこで今回の改定で、「社会主義をめざす」仲間から中国を外すとなった。またこれと前後して、中国の尖閣諸島への頻繁な介入を批判したり、昨年末には、香港騒動で中国大使館にクレームをつける（？）といった行動をとっている。

こういうところが共産党のうまいところ。他の野党も見習って、香港騒動支持、中国共産党糾弾の抗議運動でも展開してほしい。香港が崩れれば、次は台湾、そして沖縄と雪崩をうつのは必至だ。

世論調査で見ると、日本人がいま最も嫌いな国は北朝鮮についで中国だから、共産党はそれに反応した。しかし、日中の共産党は一九六六年に断裂したものの、一九九八年に三十二年ぶりに「友党関係」を回復した。日本の政党で中国共産党と「友党関係」を結んでいる政党は他にない。

自民党では大ボスが〝日中屋〟で知られるし、公明党の中国詣でには歴史がある。でも党と党の友党関係ではなく、あくまで政府とだ。共産党は今回、綱領から中国共産党を切り捨てるが、「友党関係」を切断という話は寡聞にしてまだ聞いていない。表は別れても、実は切るに切れない深い男女関係のようなものがあるのかと疑う。

こういうことは世間ではいろいろある。使い分けかな。憲法も、当面「全文を守る」というが、戦争直後の一九四六年に出した「人民共和国憲法草案」はどうしたのか。ずっと共産党の文献集（『日本共産党綱領集』など）に掲載されていたのに。

草案では、「天皇制」は「それがどんな形をとろうとも、人民の民主主義体制とは相容れない」とはっきり書かれていた。〝断捨離〟で焼却処分にしたとは聞かない。そっと秘密の「金庫」に奥深くしまっているのか。誰かジャーナリストが真相を聞いてほしい。

いずれにせよ、野党共闘体制への参加、あわよくば大連立政権への参加をめざす布石だ。

政権参加、二つの難関

オリンピックもいろいろハードルを越えないと参加できないが、共産党も政権参加へいろいろ手を打ち出した。

難関はまだいろいろある。第一関門は、皇室問題。「天皇制打倒」の共産党が、憲法全文を守るで、当面手を付けないのは前回の綱領改定で措置済み。令和への御代替りでは、しぶしぶか国会での賀詞決議には賛成。そのうえ、話題の女帝問題でも女性、女系天皇はOKといった。将来は国民投票で皇室の存廃を問うという留保付きでクリアか。

第二関門は、日米安保体制だ。「日米軍事体制を打破し、真の独立を」が共産党の看板だ。だから安保法制にも反対で、安保法制廃止の野党共闘と野党政権樹立をといったのは、ついこの間。これが共産党の「一点共闘」で、共産党も柔軟になったといわれたものだった。

あれから何年？　五年前の九月か。「戦争法（安保法制）廃止の国民連合政府」の提唱だ。昨年の参議院選挙でも、怪しげな「市民連合」が野党と取り交わした十三項目の政策協定に、「安保法制廃止」が沖縄の「辺野古基地建設阻止」と並んで入っている。それに「防衛予算削減」もある。国民民主党の代表も協定書（？）にサインし、印鑑まで押している。どうなっている？　安保、自衛隊なしでどうする。また「無条件降伏」するのか。それは御免だ。

そういえば思い出す。かつて社会党を率いた石橋政嗣委員長やロンドン大学の森嶋通夫教授（『文藝春秋』などで関嘉彦東京都立大学名誉教授と防衛論争）は、どこの国が日本を攻めてくるのかとか、万一そうなっても白旗と赤旗を持ってソ連軍を出迎えればそんなにひどい目には遭わないといっていた。余程のお人好しか、恐い物とは目を合わさないようにするというダチョウの仲間か。ダチョウって本当にそうか。調べたら、防御姿勢として地面に伏せることはあるそうだ。

不破哲三兄の暴論

共産党でも、似たような話があった。不破元議長の兄で、政策委員長や副委員長をした上田耕一郎は、「どこかの国が侵略してくるなんて考えるのは虚構ですよ。つまり自衛隊や日米軍事同盟を維持するためにつくり出されたフィクションです」（『上田耕一郎対談集』）といっていた。笑顔が似合う人だったけど、いま生きていたらどういうか。笑ってごまかすのか。

いまの共産党は、これらをすべてほおかむりしようというのか。志位委員長は、政権参加の際は党の政策を棚上げするといい出した。「（天皇制に）手を付けて変えるということは考えていません」「（自衛隊は）憲法と両立しないということ。でも、この立場を政権のなかに持ち込む気はありません。政権のなかで自衛隊違憲論をとれと主張するつもりはない。ただ、二〇一五年の安保法制を白紙にし、集団的自衛権は行使できないようにします」（BSフジ「プライムニュース」二〇一九年十二月二十三日）。

日米安保を使えないようにして日本は大丈夫か？　トランプさんは、日米安保は不平等だ、駐留経費はもっと負担せよ、といっている。日米安保を止めて、中国かロシアの属国になりたいのか。

これでは、政党の「主張」「政策」とは何か、ということになるのではないか。まるで悪夢の村山富市総理を思い出す。一九九四年だ。「非武装中立」が党是で自衛隊、安保反対。日の丸、君が代反対の社会党が自社さ政権に入ると、村山総理は第一声で、これらすべてを維持すると国会で発言。びっくりした。これでは「政党」とは一体なんだとなった。政党政治の崩壊。共産党はこれをやろうというのか。

これを「野合」というのだ。権力を取ること自体が目的になる、あるいは選挙に勝つことだけが目的になる。権力を取っていまの政治とは違うのは何々、継続するのは何々とはっきりしないと、政党政治はやめたほうがいい。国民を愚弄するものだ。

「トロイの木馬」戦術

誰がこんなことを仕組んだか。小沢一郎が、これに近いことをいっている。

「まずは政権を取ることこそ、政党や政治家にとって大事。しかしいまのままでは絶対取れない。合併（政党が）して一つにならなきゃならないのは子供でも分かる話だ」

「共産党も同じで、いま合併するわけにはいかない。選挙区のすみわけで『野党連合軍』になるだろう」（日刊ゲンダイ、一月一日）

それに小沢は、志位委員長をはじめ野党党首と頻繁に会っていると報じられている。小沢、中村喜四郎、亀井静香ら、昔の名前で出ています、まあいいか。

それより志位委員長は、新年の記者会見で政権への意欲を示している。政党だから当然だけど。「今年をぜひ野党連合政権に道を開く年にしていきたい」、そのうえで「連合政権において、立憲主義を取り戻し、格差を是正し、多様性を尊重する、そういう方向に政治を切り替えることです」（「しんぶん赤旗」一月七日）と。

こうみると、「立憲、格差是正、多様性」など、どこの誰もが反対できないスローガンだと気づく。いま流の「自由、平等、友愛」かな。これを見ると、戦後、東欧諸国が雪崩のように共産化したことを想い起こす。各国の共産党が取った連立政権戦術だ。

まずは「トロイの木馬」戦術。人畜無害で、おとなしい顔をして政権に近づくという戦術だ。さしずめ、「憲法を守る」が危険な「木馬」か。憲法を守るといっても、「自衛隊は違憲で解体する」と「自衛隊程度は憲法で許される」とでは全然違う。危ない危ない、相手がやさしい顔で近づく時が危ないのである。狼はやさしい顔をして獲物に近づく、とグリム童話にもあるではないか。要注意。

ここで、戦後の共産党の歩みが大変参考になる。昔話と馬鹿にせず、聞いて、いや少し付き合ってください。

一九一七年のロシア革命まで遡る。ロシアは一国だけで革命を維持するのは大変、この革命を世界中に広め、ロシア革命を維持しようとした。そこでできたのがコミンテルン（国際共産党）。これが各国に支部を作った。日本共産党、中国共産党という具合。そこでコミンテルンが主敵としたのが「社会ファシズム」。それは共産主義でない社会主義者たち。この社会主義者やその労働組合を食いちぎり、共産陣営を太らせる。簡単にいえば、そういう戦術。日本でいえば、戦前の友愛会、総同盟のような穏健な労働組合や共産党以外の社会主義者を抱き込み、組織を乗っ取る戦術。

共産党排除のカベ

戦後も日本共産党はこの戦術で、まず日本社会党を揺さぶった。社会党に統一戦線を再三再四にわたって呼びかけ、また社会党の内部に食い込んで、社共合同論を展開した。さらに獄中十八年の徳田球一をはじめ、「天皇制打倒」の一点で堪えてきた連中は天皇制打倒を叫んだ。

敗戦直後にできた社会党も結成時から、社共統一戦線に入るかどうか、天皇制廃止かどうか、の二点で揺さぶられたものだ。当時、復活した宮本顕治（のちの党首）は機関誌『前衛』創刊号で、天皇制打倒と統一戦線は一体だ、と書いた。

結成時の社会党は、西尾末広（のちの民社党委員長）らが主導権を握り、共産党の要求をはねのけた。社会党はその後、日米安保条約などをめぐって分裂するが、一九五五年の統一でも統一綱領で「共産主義を克服」と明記し、共産党と一線を画してきた。一九六〇年に民社党ができてからも、統一綱領はそのままだった。だから国政選挙で、社会党と共産党の選挙協力はなんと一回もなかったのだ。

共産党はそれを恨んでか（？）、「共産党排除のカベ」がずっと続いたという。それに風穴があいたのが、四年前、二〇一六年の参議院選挙区選挙だ。志位委員長はそこで、ドヤ顔になる。カベを崩した、と相好を崩す。それが今日まで続くのだ。

しかし、潮目が変わってきた。国民民主党の代表は、志位委員長と二人でピアノを弾いて歓談しているニュース写真が出た。それに国民民主党の政調会長は、日本記者クラブで「政権メンバー共産ありうる」と発言（昨年九月九日）。これ、どうなってるの？立憲民主党を飛び越えて、国民民主党は共産党にも接近？

共産党はもはや「安保法制廃止の政権」とはいわず、「野党連合政権」といい出した。こんなことは共産党の歴史上初めてだ。小沢らに唆されてか、励まされてか。小沢も、なりふり構わずの背水の陣なのかもしれない。

ここで重要なことがある。共産党は、戦後、一時こうした雰囲気、路線が幅を利かせようとしたのだ。結局、頑迷固陋な〝土着・獄中派〟に敗れたが。

野坂演説の謎

ここで登場するのが、かつての共産党のトップであった野坂参三だ。野坂参三は、戦後の共産党の一つの顔であった。敗戦の翌年、中国からいわば凱旋帰国をし、「愛される共産党」を提唱して一時ブームを起こした人物だ。

その後、徳田球一、志賀義雄とトリオを組み、共産党の顔となった。武力革命闘争などで、徳田、志賀らが排除されたり、海外に亡命するなかで宮本顕治と組んで党を再建し、六一年綱領で党をまとめた。一九五五年から五八年まで党のトップ、その後、議長や名誉議長を長らく務め百歳の長寿を迎えた。

ところが、ソ連崩壊で機密文書が開示され、野坂は仲間の山本懸蔵を売って生き延びた事実が「週刊文春」によって明らかにされ、ソ連のスパイとして一九九二年に党を除名された。以後、共産党の歴史のなかで犯罪者扱いだ。

しかし結論からいえば、いま共産党がやろうとしているのは、かつて葬り去られた野坂路線ではないかということだ。何でも包含して、政権を奪おうとする路線だ。

その結論の前に、「野坂路線」を確認しよう。野坂は中国で日本人捕虜の思想教育に携わっていて、帰国した。それも、中国から一旦姿をくらまし、ソ連に回り、コミンテルンと路線を確認してから帰国したというのが定説だ。

帰国してすぐ、野坂参三歓迎国民大会が日比谷野外音楽堂で開かれ、約三万人の聴衆であふれた。一九四六年一月二十六日で、元共産党幹部の山川均らが主催した。ここで野坂は、「愛される共産党」の立場からソフトな「民主戦線」を提唱して、大反響を呼んだ。

演説のポイントは、人民戦線や天皇制廃止などを封印して、ゆるやかな「民主勢力の結集」による「人民政府」樹立の提唱であった。「真の民主主義は、勤労者、農民が指導権をにぎる人民政府の樹立によって達成される」「民主主義的勢力の結集こそ急務である」「選挙に当たっても共同闘争を展開しなければならない」「民主的共同戦線は世界の流れ、歴史の流れである」として、「飢えている大衆に食糧を」「資本と土地を国土の再建と人民生活安定のために振り向ける経済上の民主主義」などを訴えた。

翌日の新聞は、ぶち抜きでの大特集だ。ここで野坂は「天皇」について言及しなかったといわれている。しかし、それは本当か。『野坂参三選集（戦後編）』を見ると、この演説で野坂は「天皇」という用語を二箇所で使っているではないか。これはどうなっているのか。

歴史を都合よく改竄

　ここから筆者は、しつこく調べまくった。まずピンときたのは、演説なのに「（いわゆる「天皇制」）」とあるのは臭い。書いたものならカッコはおかしくないが、演説でカッコはおかしい。あとから書き加えたのではないか。

　新聞で確認しようと、国会図書館に行く。朝日新聞、読売新聞（当時は読売報知）、毎日新聞を読む。縮刷版がないのは、マイクロフィルムで読む。新聞だからダイジェストかと思ったが、大ニュースなのでほぼ全文収録の異常な時代だ。

　正確に見てみると、こうだ。一般紙ではいずれも書き加えがない。つまり、「天皇」という言葉がない。ところが、「アカハタ」には「天皇」の修正がある。発行は演説からしばらく経った二月三日だった。以下、これが定番となる。

　伊藤書店発行の『民主戦線のために』と『野坂参三選集（戦後編）』にある「民主戦線のために」には、修正がある。ただ、プランゲ文庫としてＧＨＱが検閲用に押さえた『われらの祖国を救ふもの―野坂参三の歓迎国民大会における演説』（民主文化協会刊行、民主戦線叢書、二月二十五日発行）では修正がない。

　ということは、「天皇制打倒」を主たるスローガンに掲げる当時の共産党指導部、つまり徳田、志賀らの獄中組にとっては、野坂演説は許しがたいものだったということだ。

共産党の歴史からは、天皇制批判なき野坂演説は抹消されたのだ。野坂は自著でも修正したのだから、さぞ無念だったろう。

共産主義は怖い。何でも都合よく変えてしまう。ジョージ・オーウェルが『1984年』を出したのは、戦後すぐだったか。ソ連の全体主義を風刺したものだ。最近読み返してみると、中国など〝監視社会化〟はこの道だと分かる。

この本で、主人公は「真理省」という役所務め。やることは、歴史をいまに合わせて都合よく改竄すること。「歴史をコントロールするものは未来をコントロールする」とオーウェルはいう。中国は日本に対して、「歴史カード」で脅し続けるといわれるが、中国、韓国を見ると、日本が謝ってばかりいると大変なことになる。

唯我独尊のセクト集団

ところで、野坂のこの演説会は、戦後政治を一変させる可能性があった演説だ。この野坂演説に共感する人々がたくさんいた。憲政の神様といわれた尾崎行雄は同感のメッセージを送っている。社会党では、水谷長三郎が「即時、人民戦線を作ろう」と興奮が伝わる演説をしている。

この集会はその後、「民主人民戦線」へと広がる。三月の世話人会には、石橋湛山（経済評論家でのちに総理）、横田喜三郎（東大教授でのちに最高裁長官）、高野岩三郎（大原社会問題研究所所長）、安部磯雄（元社会大衆党党首）、荒畑寒村（著名な無産政党幹部）、森戸辰男（のちの文部大臣）、山川均ら当時著名な文化人が集まる。翌四月には幣原反動内閣打倒人民大会となり、七万人が集まったというから凄い。戦後の一大ブームだ。

それは野坂が共産主義を引っ込めて、人民戦線もいわず、ただ民主主義の復活を唱える「民主戦線」を提唱したからだ。ところが、徳田、志賀らの国内の〝土着・獄中派〟にねじ伏せられたのだ。それに徳田らは「アカハタ」で、連日のように西尾ら社会党幹部を誹謗中傷し続けた。これではこの話は壊れる。

いまから考えると、共産党は唯我独尊のセクト集団にとどまったのだ。しかし日本の政治からみれば、結果オーライだ。

というのも、この直後の四月に戦後初の総選挙が行われた。共産党は野坂路線を切り捨て、選挙では「天皇制廃止」をメインスローガンで闘った。対極は自由党で、「反共」「天皇制擁護」だ。結果は共産五議席、自由党は百四十一議席で大勝し、政権に就く。「共産党は天皇制打倒のスローガンで多くの大衆の感情から反発をうけていた」（信夫清三郎『戦後日本政治史I』）のだ。共産党がおとなしい野坂路線だったら日本はどうなっていたか。ヒヤリものかも。

野坂の考えた路線は、もっと読みが深いものだった。野坂は、日比谷でたまたま演説をしたのではない。すでに伏線がいくつもあった。日本で天皇制打倒といえばどうなるか、国民がどう反応するか、考え抜いていたのだ。

「民主戦線」復活か

野坂の路線は、獄中派で国際情勢や世論に疎い「天皇制打倒」一点張りの連中とは大いに違った。日本国民の感情を知り、世界の人民戦線の様子を踏まえたものだった、という評価がある。野坂研究者の荒木義修元武蔵野大学教授は、この背景にコミンテルン、中国共産党、イタリア共産党などの西欧共産党などとの間に「何らかの連携があったと想定できる」（『占領期における共産主義運動』）と指摘する。国際的なバックがあった、と推測している。

野坂は日比谷で演説するまでにいくつかの段階を踏まえている。まず、コミンテルンの方針転換がある。一九三五年、それまで「社会ファシズム」を主敵としてきたコミンテルンが方針転換をする。主敵をファシストとする「反ファシズム統一戦線」の提唱だ。ソ連の戦術転換だ。

一九三六年二月、野坂らはモスクワから日本の共産主義者へ呼びかけを行う。「日本共産主義者への手紙」を出す。そこで、主要な敵は「ファシスト軍部」だと断言し、天皇制に触れていない。労働階級の統一活動と反ファッショ人民戦線を基礎とする偉大な国民運動を求めている。これは「文字通り画期的な方針転換であり、コミンテルン七回大会の日本版」（神田文人『戦前の日本における統一戦線の諸問題』）と今日評価されている。

次は、一九四四年四月、野坂が書いた「日本人民解放連盟綱領草案」とそれに関する見解だ。結論は、天皇制に言及せず、軍部独裁を批判するものだ。そこで、天皇制批判については「人民の間に半宗教的（超階級的、神人的）影響をもっていることである」と説明している。

さらに一九四五年四月からの、中国共産党第七回大会で「民主的日本の建設」という演説をしている。これは包括的で長文だ。要するに野坂は、政治制度としての天皇制と

「半宗教的役割を演じる」者としての天皇の二つの作用を分けるべきだと述べた。

そして無視できないのは、「民主的勢力」のなかに、旧「日本無産党」、旧「社会大衆党」の次に旧「民政党」、旧「政友会」なども入れていることだ。とくに、「彼らの中には、尾崎行雄（無党）のごときすぐれた自由主義者もいる。共産主義者は、彼らと緊密な提携と連合を作らなければならぬ」とある。幅広く投網を打とうというものだ。

これらを踏まえて、四六年一月の日比谷演説となった。しかし、〝土着・獄中派〟にとっては到底理解できない話だったのだ。

野坂は帰国後、すぐ共産党本部で徳田、志賀らと意見の調整をした。そのあと、党員集会でスピーチをしている。これが注目された。朝日新聞の記者はこのスピーチを聞いて、翌朝、「愛される共産党」という見出しで報道した。このスピーチで、野坂は統一戦線、人民戦線、民族戦線を区別し、これからは「民主戦線」だと新語を使った。「われわれ日本民族の大多数を含む戦線をつくらなければならない」と述べたという（大森実『戦後秘史4』）。

あれから七十四年。否定され、抹殺された野坂が蘇ってきたのか？　志位委員長らがやろうとしているのは、墓場にいる野坂を蘇らせる話ではないのか。フランケンシュタインのように。野坂の「民主戦線」の道を復活させるのか。ただ、安保法制廃止だけは残しているようだが。小沢マジックに乗っかって……二人でピアノを弾いて……大丈夫？　悪い夢ならいいけど。

梅澤昇平（うめざわ　しょうへい）

昭和16年、北海道生まれ。早稲田大学政経学部卒業。民社党政策審議会事務局長、広報局長等を経て尚美学園大学総合政策学部教授。現在、同大学名誉教授、友愛労働歴史館研究員、国家基本問題研究所評議員長。
主な著書に『皇室を戴く社会主義』（展転社）、『安部磯雄と西尾末廣』（桜耶書院）などがある。

こんなに怖い日本共産党の野望

令和二年四月二十九日　第一刷発行

著　者　梅澤　昇平

発行人　荒岩　宏奨

発　行　展　転　社

〒101-0051東京都千代田区神田神保町2-46-402
TEL　〇三（五三一四）九四七〇
FAX　〇三（五三一四）九四八〇
振替〇〇一四〇-六-七九九九二

印刷　中央精版印刷

定価［本体＋税］はカバーに表示してあります。

ISBN978-4-88656-500-6